Arthur Schnitzler

Fräulein Else

엘제 양

1판 1쇄 발행 2019년 11월 10일

지은이 | 아르투어 슈니츨러
옮긴이 | 진일상
발행인 | 신현부

발행처 | 부북스
주소 | 04613 서울시 중구 다산로29길 52-15(신당동), 301호
전화 | 02-2235-6041
팩스 | 02-2253-6042
이메일 | boobooks@naver.com

ISBN 979-11-86998-80-9 04080
ISBN 978-89-93785-07-4 (세트)

이 도서의 국립중앙도서관 출판예정도서목록(CIP)은 서지정보유통지원시스템 홈페이지
(http://seoji.nl.go.kr)와 국가자료종합목록 구축시스템(http://kolis-net.nl.go.kr)에서 이
용하실 수 있습니다. (CIP제어번호 : CIP2019043440)

부클래식

080

———

엘제 양

아르투어 슈니츨러

진일상 옮김

차례

"엘제야, 정말 더 안 칠거야?"

"그래, 파울, 더는 못하겠어. 갈게. - 또 뵈어요, 부인."

"그런데 엘제, 나한테 미세스 씨시나 차라리 간단하게 씨시라고 불러줘요."

"먼저 갈께요, 미세스 씨시"

"아니 왜 벌써 가려는 거죠, 엘제? 디너까지 아직 두 시간이나 남아 있는데."

"그냥 파울이랑 단식게임을 하세요. 오늘 저하고는 정말 재미가 없으시잖아요."

"엘제를 그냥 가게 하세요, 마담, 아마 엘제에게 오늘은 좋지 않은 날인가 봐요. 그런데 말이야 엘제, 네 얼굴에 정말 잘 어울려. 그 분위기에 빨강 스웨터까지."

"파랑이어도 네가 더 좋아할 수 있을 거야 파울, 그럼 안녕."

아주 좋은 퇴장이었어, 두 사람이 내가 질투하는 거라고 생각하지 말아야 할 텐데. - 사촌 파울과 씨시 무어, 이들 사이에 뭔가 있다는 것, 난 맹세할 수 있어. 세상에 이보다 더 관심 가는 일은 없지. - 이제 난 다시 몸을 돌려서 그들에게 손을 흔들어준다. 손을 흔들고 웃어주는 거야. 이제 내가 좀 편안해 보일까? - 맙소사, 다시 게임을 하고 있잖아. 원래는 내가 씨시 무어보다 더 잘 치는데. 그리고 파울이 최후의 일격을 가하는 주연 투우사도 아니고. 그렇지만 잘생겼잖아 - 풀어 헤친 컬러와 나쁜 남자의 얼굴. 조금만 더 자연스럽기만 하면 좋을 텐데…… 엠마 이모, 걱정 마세요…….

정말 멋진 저녁이야! 오늘은 로제타[1] 산장으로 투어하기에 딱 맞는 날씨였을 거야. 시모네[2]는 하늘을 향해 정말 멋지게 솟아있구나! - 사람들은 다섯 시에 출발했겠지. 처음에는 물론 항상 그렇듯이 속이 좋지 않았을 거야. 그렇지만 그건 곧 사라지겠지. - 새벽 산행만큼 멋진 것도 없어. - 로제타에서 본 한쪽 눈이 없는 미국인은 권투선수 같아. 아마 권투시합에서 눈 한쪽을 두들겨 맞았나봐. 난 결혼해서 아메리카로 가

1 　알프스 산맥의 이탈리아 돌로미테 지역의 산.

2 　알프스 산맥의 이탈리아 돌로미테 지역의 산.

고 싶어. 그렇지만 미국인은 말고. 아니면 미국인이랑 결혼해서 유럽에서 살 거야. 리비에라 해변의 대저택. 바닷가로 이어지는 대리석 계단들. 난 옷을 벗고 대리석 위에 누워 있다. — 우리가 망통[3]에 갔다온 지 얼마나 되었더라? 7년, 아니면 8년 전. 내가 열셋, 혹은 열네살 때였지, 그래, 그때는 우리집 형편이 좋았어. — 게임을 미룬 건 바보 같은 짓이었어. 어쨌든 우리는 지금쯤 벌써 돌아왔을 텐데. — 우리가 테니스를 치러 갈 때가 네 시였고, 그때 전보로 알려온 엄마의 속달 편지는 아직 도착하지 않았지. 누가 알아, 지금 와 있는지. 한 세트는 충분히 더 칠 수 있었는데. — 저 젊은 사람 둘이 왜 나한테 인사하는 거지? 난 모르는 사람인데. 저들은 어제부터 호텔에 묵으면서 그 네덜란드 남자가 앉던 창가 자리에서 식사하는 사람들이군. 내가 무심하게 응대했나? 아니면 심지어 거만하게? 난 전혀 그렇지 않은데. 〈코리올란〉[4]을 보고 집으로 돌아오는 길에 프레트가 뭐라고 했더라? 활기찬 기질? 아냐, 자존심이 강한 기질. 당신은 자존심이 강해요, 엘제, 거만한 건 아니고. — 좋은 표현이야. 프레트는 항상 좋은 말만 생각해낸다니까.

---

3 프랑스 남부 해안도시.

4 셰익스피어의 연극.

- 내가 왜 이렇게 천천히 걷고 있는 거지? 결국은 엄마의 편지가 두려워서? 물론, 기분 좋은 내용은 아닐 테지. 속달편지! 아마 난 다시 돌아가야 할지도 몰라. 아휴. 무슨 인생이 이래 - 빨강 실크 스웨터, 실크 스타킹이 있으면 뭐해. 그것도 세 개! 부자 이모의 초대를 받은 가난한 친척 여자애. 분명 이모는 벌써 후회하고 있겠지. 문서로 써서 드릴까요, 이모님, 제가 파울은 꿈도 꾸지 않는다고? 아, 난 아무도 생각하지 않아. 난 사랑에 빠지지 않았어. 어느 누구에게도. 그리고 지금까지 한 번도. 알베르트에게도. 일주일 동안 그런 상상을 하긴 했었지만. 난 사랑에 빠질 수 없을 거 같아. 정말 이상해, 난 분명 매력적인데. 그렇지만 자존심이 있고, 친절하지도 않아 다행이야. 열세 살 때 아마 네가 유일하게 사랑에 빠졌던 것 같아. 반 디크[5] 아니 데 그리외 주교[6]한테 더, 그리고 레나르[7]한테도 반했었지. 열여섯 살 때는 뵈르더[8]에서. - 아, 아니야. 그건 아무것도 아니었어. 무슨 생각을 이렇게 하는 거지. 회고록을 쓰는 것도

---

5 벨기에 테너.

6 프랑스 소설,《마농 레스코》의 주인공.

7 마리 레나르, 오스트리아의 메조소프라노.

8 호수 오스트리아 케른텐 주의 호수.

아니고. 난 베르타처럼 일기도 쓰지 않는데. 프레트는 호감이 가지만, 그 이상은 아니야. 글쎄, 그가 좀 더 멋있다면 모를까. 난 눈이 높은 속물인가봐. 아빠도 내가 그렇다고 하면서, 날 놀렸지. 아, 사랑하는 아빠, 아빠는 제게 정말 걱정이에요. 아빠는 엄마를 한 번이라도 속인 적이 있을까? 물론. 그것도 여러 번. 엄마는 꽤나 바보야. 나에 대해 아무것도 아는 게 없어. 다른 사람들도 마찬가지야. 프레트는? 아마 조금은 알겠지. – 멋진 저녁이야. 호텔은 정말 멋지다. 느낄 수 있어. 형편이 좋고 아무런 걱정이 없는 사람들뿐이야. 예를 들면, 나. 하하! 젠장. 나도 걱정 없이 살 수 있게 태어났더라면. 얼마나 좋았을까. 젠장. – 시모네 정상에 붉은 석양이 걸려 있네. 파울은 말하겠지, 알펜글뤼엔. 그건 더 이상 알프스의 붉은 광채가 아니야. 너무 아름다워서 눈물이 나려고 해. 아. 왜 도시로 돌아가야만 하는지!

"안녕하세요, 엘제 양."

"손등에 키스[9]를, 부인."

"테니스 치고 오는 길인가요?" – 알면서, 뭘 물어보는 거지?

"네, 부인, 거의 세 시간을 쳤답니다. 그런데 부인은 산채

---

9 여성에게 하는 격식을 차린 오스트리아, 특히 빈의 옛 인사법.

가시려구요?"

"네, 늘 하는 저녁 산책이죠. 롤레벡으로. 초원 사이로 난 정말 아름다운 길이죠. 낮에는 해가 너무 강할 정도예요."

"네, 여기 초원은 멋져요. 특히 달빛 아래 창문에서 보면 더 그렇죠." -

"좋은 저녁이에요, 엘제 양, - 손등에 키스를, 부인."

"안녕하세요, 폰 도르스데이 씨."

"테니스 치고 오는 길인가요, 엘제 양?"

"날카로우시군요, 폰 도르스데이 씨."

"놀리지 말아요, 엘제." 왜 '엘제 양'이라고 하지 않는 거지?

"라켓을 들고두 그렇게 멋지다면, 라켓을 장식품으로 들고 다녀도 되겠어요."

멍청이 같으니, 그 말에 대답하지 않을 테야. "오후 내내 테니스를 쳤답니다. 그런데 안타깝게도 우리는 세 명이었어요. 파울, 무어 부인, 저."

"나도 예전엔 열정적으로 테니스를 쳤었지요."

"그런데 지금은 더 이상 아니에요?"

"그러기엔 지금은 나이를 먹었죠."

"아이, 나이가 들다니요. 마리엔리스트[10]에서 65살의 스웨덴분이 있었는데, 그분은 매일 저녁 여섯 시부터 여덟 시까지 테니스를 쳤어요. 그리고 그 전해에는 심지어 대회에도 참가했다고 하시더군요."

"흠, 예순다섯이라, 다행이 아직 그 정도는 아닙니다. 유감스럽게도 스웨덴 사람도 아니지만요."

왜 유감이라는 거지? 그걸 농담이라고 하는 건가. 제일 좋은 건 공손하게 웃어주고 가는 거야. "손등에 키스를, 부인. 안녕히 가세요, 폰 도르스데이 씨." 저 사람은 저렇게 몸을 푹 구부리고, 보는 시선은 또 어떻고. 송아지 눈처럼. 내가 말끝에 65살 스웨덴 남자 이야기를 해서 상처를 주었나? 별 탈은 없을 거야. 비나베르 부인은 불행한 여자인 게 분명해. 벌써 오십 가까이 되었겠지, 틀림없어. 저 눈물샘 좀 봐, 마치 엄청 운 것 같잖아. 아휴, 저렇게 나이가 많다니, 얼마나 끔찍할까. 폰 도르스데이 씨가 저 부인을 떠맡는군. 부인 곁에서 걸어가네. 희끗한 턱수염이 있어도 아직 멋있어 보이는데, 그래도 별로 호감이 가지 않아. 겉모양만 억지로 근사하게 꾸민 거지. 당신의 일등 재단사가 다 무슨 소용이에요, 폰 도르스데이 씨? 도

---

10 덴마크, 오스트제의 지명.

르스데이라? 예전에는 틀림없이 다른 이름이었겠지. 저기 귀여운 씨시의 어린 딸과 보모가 오는구나.

"안녕, 프리치. 봉수아, 마드모아젤. 부 잘레 비엥[11]?"

"메르시, 마드모아젤. 에 부[12]?"

"이것 좀 봐, 프리치, 등산 스틱을 갖고 있구나. 끝내 시모네에 오르려고?"

"아이, 아뇨, 그렇게 높은 곳은 아직 올라갈 수 없대요."

"내년에는 아마 허락해 주시겠지. 하하, 프리치, 아 비엥토[13], 마드모아젤."

"봉수아, 마드모아젤."

예쁘게 생긴 사람이야. 그런데 어쩌다 보모가 되었을까? 그것두 씨시네이. 쓸쓸한 운명이야. 아, 나도 언젠가는 피어날 수 있을까. 아니, 난 적어도 더 나은 걸 할 수 있을 거야. 더 나은 일? - 달콤한 저녁이야. '공기가 샴페인 같군요.'라고 어제 발트베르크 박사가 말했지. - 그저께는 다른 사람이 그런 말을 했어. 사람들은 이렇게 멋진 날씨에 어떻게 홀 안에 앉아

---

1 1   프) 안녕하세요, 잘 지내시죠?

1 2   프) 감사해요, 미스, 당신은요?

1 3   프) 또 봐요.(안녕).

있을 수 있지? 이해할 수 없어. 아니면 다들 속달편지를 기다
리나? 도어맨이 이미 날 봤어. - 나한테 온 속달편지가 이미
도착했다면, 곧 내게 가져다주겠지. 그러니까 아직 아무것도
오지 않았군. 하느님, 감사합니다. 디너 전에 조금 누워있어야
겠어. 씨시는 왜 디너가 아니라 '딘너'라고 하는 거지? 관심을
끌려는 멍청한 과장. 파울과 씨시, 잘 어울려. - 아, 편지가 벌
써 와 있기를. 결국은 '딘너' 중에 올 거야. 만약 오지 않으면,
난 불안한 밤을 보내겠지. 지난밤도 통 잠을 자지 못했는데.
그렇지, 하필 그날이어서. 그래서 다리가 당기는 느낌도 있어.
오늘은 9월 3일. 그러니까 아마 6일에 있겠지. 오늘은 베로날
[14]을 먹어야겠다. 오, 난 그것에 익숙해지지 않을 거야. 아니,
프레트, 넌 걱정하지 않아도 돼. 생각 속에서는 난 항상 프레
트에게 '너'라고 말을 해. 뭐든 다 해봐야 해, - 해시시[15] 또한.
해군사관 후보생 브란델이 중국에서, 아마 맞을 거야, 해시시
를 가져왔었어. 그건 마시는 걸까, 피는 걸까? 황홀한 환각을
얻을 수 있다던데. 브란델이 해시시를 같이 마시자고, 아니면
피자고 날 초대했었지. - 뻔뻔한 놈. 그래도 잘 생기긴 했어. -

------

[14] 수면제.

[15] 마약의 일종.

　"여기, 편지가 왔습니다, 아가씨." - 호텔 도어맨! 역시나! - 나는 자연스럽게 몸을 돌린다. 그건 카롤리네나 베르타, 프레트나 미스 잭슨에게서 온 편지일 수도 있잖아? "고마워요." 그런데 엄마에게서 온 것이군. 속달. 도어맨은 왜 속달편지라고 말하지 않았지? "아, 속달이군요!" 방에 올라가서 방해받지 않고 이 편지를 열어서 읽을 거야. - 저기 후작 부인. 저 사람은 어스름한 곳에서도 얼마나 젊어 보이는지. 분명 45살은 되었을 텐데. 마흔다섯이 되었을 때 난 어디에 있을까? 아마 이미 죽었겠지. 제발. 후작 부인이 친절하게 웃어준다, 여느 때와 같이. 난 그녀를 지나가게 하고, 고개를 조금 숙여 인사를 한다. 후작 부인이 내게 미소를 지어도 내겐 특별한 영광이 아니라는 듯이. - "부오나 세라."[16] - 내게 부오나 세라라고 말하는구나. 이젠 나도 최소한 몸을 숙여서 인사를 해야 해. 너무 많이 숙였나? 생각했던 것보다 그녀는 훨씬 더 나이가 많구나. 멋진 걸음걸이야. 그녀는 이혼한 걸까? 내 걸음걸이도 아름다워. 그렇지만 - 나도 알아. 그게 차이점이지. 이탈리아 남자는 나한테는 위험할 거야. 안타깝다, 그 로마인 두상을 한 멋진 검은머리 남자가 벌써 가버리다니. '그 남자는 사기꾼처

---

1 6　이탈리아식 저녁 인사.

럼 보여.'라고 파울이 말했지. 아, 난 사기꾼에는 반감이 없어,
오히려 그 반대지. 자, 이제 여기 왔어. 77호실. 행운의 번호이
네. 예쁜 방이야. 알프스 전나무 목재. 저기 순결한 나의 침대
가 있어. - 이제 제대로 알프스의 불타는 광채가 되었군. 그렇
지만 파울 말에는 동의하지 않을 거야. 파울은 원래는 수줍어
해. 의사, 부인과 의사! 아마도 바로 그때문이야. 그저께 숲에
서, 우리가 꽤 멀리 앞서가 있었을 때, 파울은 뭔가를 시도할
수도 있었는데. 그런데 파울의 상태가 안 좋아졌지. 내게 뭔가
를 시도한 사람은 아직 아무도 없었어. 기껏해야 3년 전 뵈르
더 호수에서 수영할 때. 뭔가를 시도하는 것? 아니, 그건 그냥
무례한 거였어. 그렇지만, 멋있었어. 벨베데레 궁의 아폴로 상
[17]처럼. 난 그때 그게 뭔지 완전히 이해하지 못했어. 하기야
열여섯 살이었으니까. 내 천상의 초원! 나의 -! 이걸 빈으로
같이 가져갈 수만 있다면. 부드러운 안개. 가을인가? 하기야,
9월 3일, 높은 산악지역이니까.

자, 엘제 양, 이제 편지를 읽을 결심이 섰나요? 아빠에 관
한 내용이 아닐 수도 있지. 그럼 오빠와 관련된 것일까? 아마
오빠가 뜨거운 사이였던 여자들 중 하나와 약혼이라도 한 걸

---

[17] 로마의 조각, 이상적인 미의 상징. 현재는 바티칸 박물관 소재.

까? 합창단원이나 손 장갑 만드는 여자? 아, 아냐 그러기에 오빠는 너무 영리해. 실제 난 오빠에 대해 많이 알지 못해. 내가 열여섯이었을 때, 오빠는 스물 하나였고, 그때 우리는 한동안 꽤 가까웠지. 로테라는 어떤 여자에 대해 꽤나 많은 말을 했었는데. 그리곤 갑자기 더 이상 얘기해주지 않았어. 로테라는 그 여자가 오빠에게 뭔가 상처를 주었던 거 같아. 그때 이후로 오빠는 더 이상 아무것도 말하지 않았어. ─ 자 이제 열었어. 그 편지, 그리고 난 편지를 뜯은 것도 알아채지 못했네. 창가에 앉아 편지를 읽는다. 조심해, 넘어지지 않게. 산 마르티노에서 온 소식에 따르면, 그곳의 프라타차 호텔에서 안타까운 사고가 일어났습니다. 열아홉 살의 아름다운 엘제 T.양, 유명한 변호사의 딸이…… 물론 그렇게 말하겠지. 내가 불행한 사랑이나 아니면 희망을 품고 스스로 목숨을 끊었다고. 불운한 사랑, 아, 아니야.

　'사랑하는 엘제' ─ 아니, 끝 부분부터 먼저 읽을래. '그러니까 다시 한 번, 우리를 나쁘게 생각하지 말아다오, 내 사랑하는 착한 딸, 수천 번을' ─ 맙소사, 설마 죽으려는 건 아니겠지! 아냐, 그랬다면 루디에게서 전보가 왔겠지. ─ '사랑하는 내 아이야, 내가 얼마나 마음이 아픈지 넌 알 수 있겠지. 너의 기분 좋은 휴가에 내가' ─ 마치 내가 항상 휴가가 아니었

던 것처럼 말을 하는군. 아쉽게도 - '불쾌한 소식으로 끼어들

어서.' - 엄마의 문체는 끔찍해 - '그렇지만 충분히 생각한 후

에도 나한테는 다른 방법이 없었단다. 그래, 간단히 하마, 아

빠의 일이 급하게 되었단다. 난 어찌해야 할지를 모르겠다.' -

무슨 말이 이리도 많지? - '문제는 비교적 우스운 액수 - 3

만 굴덴[18] 때문이야' - 우습다고? '3일 안에 마련하지 않으면,

모든 게 끝장이야.' 하느님, 맙소사, 무슨 말이지? - '생각해보

렴, 사랑하는 딸아, 회닝 남작님이' - 뭐, 검사님이? - '오늘

아침 일찍 아빠를 소환했어. 너도 알지, 남작님이 아빠를 얼마

나 높이 평가하시는지. 아니, 거의 사랑하셔. 일 년 반전에, 거

의 끝까지 갔을 때도 몸소 주 채권자들과 이야기를 해주시고

마지막 순간에 일을 바로잡으셨어. 그런데 이번에는 돈이 마

련되지 않으면 정말 끝장이야. 우리 모두 파산하는 건 차치하

고, 지금껏 없었던 스캔들이 될 거야. 생각해 보렴, 변호사, 유

명한 변호사 - 바로 그 - 아니, 그건 여기에 쓸 수 없어. 난 계

속 흐르는 눈물과 싸우고 있어. 너도 알지, 애야, 넌 영리하잖

아, 우리는, 그러니까, 안타깝게도, 이미 수차례 비슷한 상황에

처했었고, 가족이 항상 우리를 구해주었어. 최근에는 12만 굴

---

18 당시 근로자의 월급은 160굴덴 이었다고 한다.

덴이 문제였다. 그렇지만 그때 아빠는 서약서에 사인을 해야
만 했어. 다시는 친척들, 특히 삼촌 베른하르트에게 연락하지
않겠다고.' - 자 계속, 계속해봐, 무슨 말을 하려는 거지? 내가
뭘 할 수 있다는 거지? - '아직 생각해볼 수 있는 유일한 사람
은 빅토르 삼촌인데. 불운하게도 노르트캅[19] 아니면 스코틀
랜드에서 여행 중이다.' - 아, 참 그는 잘살지, 그 역겨운 자식.
- '그리고 전혀 연락이 되지 않아, 적어도 한동안은. 특히 이
미 몇 차례 아빠를 도와주었던 아빠의 동료, 슈. 박사는' - 맙
소사, 어떤 상황인 거지 - '재혼한 뒤로는, 더 이상 고려할 수
없어.' - 그러니까, 대체 무엇을, 대체 뭐, 당신들은 나한테 대
체 뭘 기대하는 거죠? - '그런데 그때 너에게서 편지가 왔어,
사랑하는 딸아, 거기서 네가 다른 말을 하면서 도르스데이를
언급했지, 그 사람도 프라타차 호텔에 머물고 있다고. 그건 우
리에게 마치 운명의 손짓으로 여겨졌단다. 너도 알지, 옛날에
도르스데이가 얼마나 자주 우리집에 왔었는지.' - 그렇죠, 너
무 자주 왔었죠 - '이건 정말 우연이야, 2, 3년 되었지, 그 사
람이 오지 않은지가. 꽤 확실한 관계의 여자가 있나봐 - 우리
끼리 하는 말인데, 그다지 질이 좋은 관계는 아닌가 보더라' -

---

1 9   노르웨이의 해안.

'우리끼리라니, 왜?' - '아빠는 레지던스[20]에서 매주 목요일마다 그 사람과 위스트 카드놀이[21]를 했었다. 그리고 지난겨울에는 아빠가 다른 미술품 중개상을 상대로 한 소송에서 이겨서 그가 꽤 많은 액수를 받을 수 있게 해주었단다. 게다가, 너도 알아야 할 게 있는데, 예전에 그가 우리를 한 번 도와준 적도 있단다.' - 그럴 줄 알았어요. - '그때는 별 것 아닌 액수였어, 8천 굴덴, - 그렇지만 궁극적으로는 - 3만은 도르스데이에게는 많은 돈이 아니란다. 그래서 생각해보았다. 네가 우리에 대한 사랑을 입증하고, 도르스데이와 말을 해볼 수 있지 않을까 하고 말이다.' - 뭐라고요? - '그 사람은 특별히 널 항상 좋아했어.' - 난 느끼지 못했는데. 열두세 살 때였나, 그때 그 사람이 내 뺨을 쓰다듬었어. '벌써 완전 아가씨가 되었네.'라고 하면서 - '그리고 아빠가 그 8천 굴덴 이후로 다행이도 더 이상 그 사람에게 접근하지 않았으니까, 그 사람도 아빠에 대한 정으로 하는 일인데 거절하지 않을 거다. 최근에는 미국에다 루벤스 그림 한 점을 팔았는데 그것으로만 8만 굴덴을 벌었다더라. 물론 그 말은 해서는 안 된다.' - 엄마, 날 멍청한

---

20 클럽 빈 1구에 있는 클럽.

21 네 명이 하는 영국 카드 게임.

계집애로 취급해요? – '그 외에는 그에게 솔직하게 말해도 된다. 회닝 남작님이 아빠를 소환했다는 것도 그래야만 한다면, 언급 하렴. 그리고 3만으로 정말 최악은 막을 수 있다는 것도, 당분간이 아니라, 신의 가호가 있다면, 영원히 말이야.' – 그걸 정말 믿어요, 엄마? – '왜냐하면 에르베스하임 소송건이, 아주 전망이 밝아서 분명 아빠에게 10만 굴덴이 생길 거다. 물론 지금 단계에서는 아빠가 에르베스하임 가(家)에 한 푼도 요구할 수는 없어. 그러니, 부탁 하마, 애야, 도르스데이에게 얘기를 해라. 분명히 말하지만, 그건 아무 일도 아닐 게다. 아빠가 그 사람에게 간단히 전보를 칠 수도 있었겠지. 우리도 심각하게 고민했다만, 그건 상대방과 직접 이야기하는 것과는 완전히 다른 것이란다. 6일 12시까지는 돈이 도착해야 한다. F. 박사 – F. 박사가 누구지? 아, 피알라. – 는 인정사정이 없단다. 물론 거기에는 개인적인 원한도 있어. 불행하게도 그것이 피후견인의 돈이어서' – 맙소사! 아빠, 대체 무슨 짓을 한 거예요? – '누구도 어찌할 수가 없단다. 5일 12시까지 돈이 피알라에게 가지 않으면, 체포 명령이 떨어질 거야. 그때까지만 회닝 남작님이 체포명령을 보류할거다. 그러니까 도르스데이는 자신의 은행을 통해 그 액수를 F. 박사에게 이체하도록 전보를 쳐야한다. 그러면 우린 사는 거다. 그렇지 않으면 무슨 일이 일어날지 신만이 아신다. 믿어다오, 네게는 조금도 해가 생길 일이 아니야, 내 사랑하는 아이야. 아빠도 처음에는 고민을 했단다. 그는 두 가지 다른 방법을 시도했었다. 그렇지만 완전히 절망해서 집으로 오셨다.' - 아빠가 대체 절망도 할 줄 아나요? - '아마 완전히 돈 때문이라기보다는, 아빠를 대하는 사람들의 태도가 너무나 모욕적이어서. 그들 중 한 명은 아빠와 가장 가까운 친구였어. 너도 알지, 누구를 말하는지.' - 전 아무것도 생각할 수 없어요. 아빠에게는 좋은 친구들이 너무나 많지만, 실제로는 한 명도 없잖아요. 바른스도르프를 말하는 건가? - '밤 한 시에 아버지가 집으로 오셨다. 지금은 새벽 네 시야. 이제야 잠이 드셨다, 다행이도.' - 차라리 깨어나시지 않기를. 그게 아빠를 위해 최선이야. - '난 아침 일찍 이 편지를 직접 우편으로 보내려고 해, 속달로, 넌 이 편지를 3일 오전에 받게 될 거다.' - 엄마가 어떻게 그런 생각을 했지? 이런 일에 대해서는 아무것도 모르는데. - '그러니 당장 도르스데이와 이야기해라. 간청 하마, 일이 어떻게 되었는지 즉시 전보를 보내라. 에마 이모가 절대로 눈치 채지 않도록 해야 한다. 이런 경우에 친자매에게 도움을 청할 수 없다는 것만으로도 충분히 슬픈 일이지만, 말을 해보았자, 바위에다 대고 말하는 게 더 나을 수 있다. 사랑하는 내 아이야, 정말 마음이 아프구

나. 어린 나이에 이런 일을 겪게 하다니. 그렇지만, 믿어다오. 아빠는 조금도 책임이 없다.' – 그럼 누가 잘못한 거죠, 엄마? – '자, 어떤 의미에서건 에르베스하임 건이 우리의 생존에 일단락이 되어주기를 바라자꾸나. 우리는 몇 주만 넘기면 된다. 3만 굴덴 때문에 불행한 일이 일어난다면, 그건 정말 웃기는 일이 아니니?' – 설마 엄마의 진심은 아니겠지, 아빠가 스스로…… 아니면 만약에 – 다른 건 더 나쁘지 않나? – '이제 마무리 하마, 내 딸아, 나는 네가 어떤 경우에라도' – 어떤 경우라고요? – '휴일을 잘 보내고, 적어도 9일이나 10일까지 산 마르티노에 머무를 수 있기를 바란다. 우리 때문에 돌아올 필요는 없어. 이모에게 안부인사 전해다오. 이모에게 잘해드리고. 그리고 다시 한 번, 우리를 나쁘게 생각하지 말아줘, 내 사랑하는 착한 아이야. 그리고 수천 번' – 그래요, 이미 알아요.

그러니까 내가 도르스데이에게서 돈을 짜내야 한다고…… 정신 나간 짓이야. 엄마는 어떻게 그런 생각을 해낼 수 있지? 왜 아빠가 그냥 기차를 타고 이리로 오지 않는 거야? – 속달편지만큼이나 빨리 올 텐데. 그렇지만 아마 도주할 우려가 있어서 아빠를 역에서…… — 끔찍하다, 끔찍해! 3만으로도 우린 안 될 거야. 맨날 같은 이야기야! 7년 전부터! 아무도 나를 신경 쓰지 않아, 아빠도. 그리고 모든 사람들이 그걸 알고 있어.

수수께끼야, 우리가 여전히 버티고 있다는 게. 모든 것에는 익숙해지는 법이지! 그런 것치고는 우린 비교적 풍족하게 잘 살고 있어. 엄마는 정말 재주꾼이야. 지난 신년에 열네 명을 위한 만찬은 – 이해할 수 없어. 대신 내 무도회용 긴 장갑은, 그땐 정말 드라마였어. 그리고 최근에 루디가 300굴덴이 필요했을 때, 그때 엄마는 거의 울 지경이었지. 아빠는 항상 기분이 좋으셨어. 항상? 아니야. 오, 아냐. 오페라 피가로를 볼 때 그의 시선은 – 갑자기 텅 빈 – 난 깜짝 놀랐어. 그때 아빠는 완전 딴 사람 같았어. 그리고 우리는 그랜드 호텔에서 저녁 식사를 했고 다른 때와 마찬가지로 정말 기분이 좋았어.

그리고 여기 난 손에 편지를 들고 있다. 이 편지는 정말 정신 나간 거야. 나더러 도르스데이와 말을 해보라고? 죽을 만큼 창피할 거야. --- 창피한가, 내가? 왜? 난 잘못이 없는데. – 만약 이모에게만 얘기를 한다면? 말도 안 돼. 이모는 아마 그렇게 많은 돈이 없을 거야. 이모부는 정말 구두쇠야. 아 맙소사, 왜 난 돈이 없는 걸까? 왜 난 지금껏 한 푼도 벌어놓지 않았지? 왜 난 아무것도 배우지 않았을까? 오, 나도 뭔가를 배우긴 했지! 내가 아무것도 배우지 않았다고 누가 말할 수 있어? 난 피아노를 치고, 프랑스어, 영어를 해, 그리고 이탈리아어도 조금 하지. 미술사 강연도 들었고 – 하하! 조금만 더 쓸모 있

는 일을 배웠더라면, 그런들 그게 내게 무슨 도움이 되겠어? 3
만 굴덴은 절대 모으지 못했을 텐데. --

알프스의 광채도 사라졌다. 저녁은 이제 더 이상 놀랍지
않아. 주변은 슬프다. 아니, 주변이 아니라, 내 삶이 슬프다.
이제 난 여기 창가에 조용히 앉아 있어. 아빠가 구속된다고.
아니. 결코, 절대로. 그래선 안 돼. 내가 아빠를 구할 거야. 그
래, 내가 아빠를 구해줄게. 그건 정말 간단해. 몇 마디만 그냥
태연히, 그게 내 스타일이지, '콧대 높은', - 하하, 난 도르스
데이 씨를, 마치 우리에게 돈을 꾸어주는 게 그에게 영광이라
도 되는 것처럼 대할 거야. 물론 영광이지. - 폰 도르스데이
씨, 잠시 저를 위해 시간을 내어주시겠어요? 방금 엄마에게
서 편지를 받았는데, 엄마는 지금 어쩔 줄 몰라 하고 계시답
니다, - 아빠는 더 --'물론이죠, 아가씨, 더할 나위 없는 기
쁨입니다. 대체 얼마가 문제입니까?' - 그 사람이 나에게 그
렇게 비호감이지만 않다면. 날 쳐다보는 태도도. 아니, 도르
스데이 씨, 난 당신의 그 품위를 믿지 않아요, 그리고 당신의
외눈 안경과 그 우아함도. 당신은 옛날 그림을 거래하듯, 중
고 의류도 팔겠죠. - 아니, 엘제! 엘제, 대체 무슨 생각을 하는
거야? - 오, 난 그래도 돼. 아무도 내게서 그걸 알아차리지 못

해.[22] 난 게다가 금발이잖아, 붉은 금발, 그리고 루디는 정말 귀족처럼 보여. 엄마는 물론 말하기 시작하면 금방 표시가 나지만. 아빠는 전혀 아냐. 그런데 사람들이 알아야해. 난 그걸 전혀 부정하지 않고, 확실히 루디도 아니야. 정반대지. 아빠가 구속되면 루디는 어떻게 할까? 총으로 자살이라도 할까? 말도 안 돼! 총을 쏘고 감옥에 가고, 그런 건 없어. 신문에나 있는 일이야.

공기는 샴페인 같아. 한 시간 후에는 저녁만찬, '디너'야. 난 씨시가 싫어. 씨시는 제 딸도 전혀 돌보지 않아. 뭘 입지? 파랑 아님 검정? 오늘은 검정이 어울리겠다. 가슴이 너무 깊이 파였나? 프랑스 소설에선 토왈레 드 시르콩스탕스[23]라고 하더군. 하여간 도르스데이랑 이야기할 때 난 매력적으로 보여야 해. 디너가 지나가면, 느긋해지겠지. 그의 두 눈이 나의 깊이 파인 가슴 부분을 꿰뚫겠지. 역겨운 놈. 난 그를 증오해. 모든 사람들이 증오스러워. 왜 도르스데이이어야 하는 거지? 세상에 3만 굴덴을 가진 인간이 정말 이 도르스데이뿐이라는 거야? 파울에게 얘기해볼까? 파울이 이모에게 말한다면, 도박

---

22 유대인 혈통에 대한 암시. 당시의 반유대주의 분위기를 반영.

23 상황에 맞추어 옷을 입는 드레스 코드.

28

빚이 있다고, - 그럼 분명 돈을 마련할 수 있을 텐데.

이제 거의 어두워졌어. 밤. 무덤과 같은 밤이야. 정말 죽고 싶다. - 이건 전혀 사실이 아니야. 지금 당장 아래층으로 내려간다면, 도르스데이에게 저녁 식사 전에 말을 한다면? 아, 얼마나 끔찍한 일인가! - 파울, 3만을 내게 마련해주면, 나한테서 네가 원하는 건 다 가질 수 있어. 이것도 소설에서나 나오는 얘기네. 양가집 딸이 사랑하는 아빠를 위해 몸을 판다. 그리고 결국은 거기서 쾌락을 얻는다. 아이 흉측해! 아냐, 파울, 3만에 넌 나의 어떤 것도 가질 수 없어. 아무도. 그렇다면 백만에? - 대저택에? 진주목걸이에? 내가 결혼한다면, 아마 값싸게 할 거야. 그게 그렇게 나쁜 건가? 파니도 결국 마지막에 자신을 팔았지. 내게 직접 말했어, 남편이 소름끼친다고. 자, 아빠, 오늘 저녁에 저를 경매에 붙이면 어떨까요? 아빠를 징역형으로부터 구하기 위해서요. 대박 사건이야 -! 난 열이 있는 거 같아, 분명. 아니면 벌써 몸이 안 좋은 걸까? 아냐, 열이 있어. 아마 공기 때문인가봐. 샴페인 같은. - 프레트가 여기 있다면, 내게 조언을 할 수 있을까? 조언은 필요 없어. 조언할 일도 없어. 난 에페리에스[24] 출신의 도르스데이 씨와 얘기해서, 그

---

24   헝가리의 도시, 도르스데이가 동유럽 유대인임을 암시한다.

에게서 돈을 빌릴 거야. 난, 자존심 강한 여자, 귀족 여인, 남작부인, 여자 거지, 돈을 횡령한 자의 딸이 될 거야. 어떻게 시작하지? 어떻게 그렇게 할 수 있을까? 어떤 여자도 나처럼 산을 잘 타지 못해, 나만큼 용감하지 않아 – 스포티한 여자애, 내가 영국에서 태어나야 했는데, 아니면 백작 부인이나.

　　저기 옷장에 옷이 걸려 있네! 저 녹색 모직 옷값은 지불했어요, 엄마? 선금만 냈겠지. 난 검정 옷을 입는다. 어제 모두들 날 응시했었지. 금색 코안경을 쓴 작고 창백한 남자도. 난 예쁘지는 않지만, 흥미롭지. 연극 무대로 갔어야 했는데. 베르타는 벌써 애인이 셋이나 있고, 아무도 그걸 나쁘게 생각하지 않아 …… 뒤셀도르프에서는 감독이었지. 그 애는 유부남과 함부르크와 대서양에 살았어. 욕실이 딸린 럭셔리 스위트에서. 내가 보기에 걔는 그걸 자랑스러워했어. 모두들 멍청해. 난 백명, 천 명의 애인을 가질 거야, 안될 거 뭐 있어? 그다지 가슴부분이 깊이 파이지 않았어, 내가 기혼자라면, 더 깊이 파여도 되는데. – 당신을 만나다니 다행이에요, 폰 도르스데이[25] 씨, 전 방금 빈에서 편지를 받았답니다. …… 이 편지는 만약을 위

___

2 5　싱 앞의 '폰'은 통상 귀족신분을 뜻하지만, 도르스데이의 경우에는 일관성 있게 쓰이지 않는다.

해서 몸에 지녀야지. 도와줄 하녀를 부를까? 아니, 나 혼자 준
비를 마칠 거야. 검정 옷에는 아무도 필요 없어. 내가 부자라
면, 절대로 하녀 없이 여행하지 않을 테야.

불을 켜야겠다. 서늘해질 거야. 창문을 닫고. 커튼을 칠까?
- 필요 없어. 건너편 산에 망원경을 들고 있는 사람은 없어.
아깝다. - 방금 여기 편지 한 통을 받았어요, 폰 도르스데이
씨. - 저녁 식사 후에는 훨씬 더 나을 텐데. 다들 가벼운 기분
일 테고. 도르스데이도 - 난 그 전에 와인 한잔을 마실 수 있
어. 만약 디너 전에 일이 끝난다면, 저녁 식사는 더 맛있겠지.
푸딩 알 라 메르베이, 포르마주 에 프뤼 디베르[26]. 만약 폰 도
르스데이 씨가 안 된다고 하면? - 아니면 혹시 무례하게 군다
면? 아, 안 돼, 아직 내게 무례한 사람은 없었는데. 그러니까,
해군사관후보생 브란들, 그는 나쁜 의도는 아니었어. - 난 살
이 좀 빠졌어. 그게 잘 어울려. - 일몰이 방 안으로도 스며들
어온다. 마치 수백 개의 유령처럼. 나의 초원에서도 유령들이
올라온다. 빈이 얼마나 멀리 떨어져 있지? 그곳을 떠난 지 얼
마나 되었지? 난 정말 혼자야! 난 여자 친구도, 남자 친구도
없어. 다들 어디에 있는 거지? 난 누구와 결혼하지? 누가 돈

---

26 프랑스, 고급 푸딩, 치즈와 다양한 과일.

을 횡령한 사람의 딸과 결혼하겠어? - 방금 편지 한 통을 받았어요, 폰 도르스데이 씨. - '그렇지만 그건 말할 가치도 없어요, 엘제 양, 난 어제서야 렘브란트 한 점을 팔았어요, 당신은 날 부끄럽게 만드는군요, 엘제 양.' 그리고 그는 자신의 수표책에서 한 장을 찢어서 금으로 된 자신의 만년필로 사인을 한다. 그리고 내일 아침 일찍 난 수표를 갖고 빈으로 간다. 어떤 경우에든, 수표 없이도. 난 더 이상 여기에 머물지 않을 거야. 머물 수도 없고, 그래서도 안 돼. 난 우아하고 젊은 여인으로 여기서 살고 있고, 아빠는 한 발을 무덤 속에 - 아니 감옥에 - 딛고 있어. 마지막 실크스타킹 두 켤레 중 하나. 스타킹 무릎 아래 찢어진 것은 아무도 몰라. 누가 알겠어. 헤프게 굴지 마, 엘제. - 베르타는 그냥 날라리야. 그렇다고 크리스티네가 눈곱만큼이라도 나을까? 걔의 장래 남편은 좋아할 거야. 엄마는 분명 충실한 아내였어. 난 충실하지 않을 거야. 난 자존심이 강하니까, 그래도 충실하지 않을 거야. 바람둥이들은? 내게는 위험해. 그 후작부인은 분명 바람둥이를 애인으로 두고 있을 거야. 프레트가 나의 진짜 모습을 안다면, 나에 대한 경탄도 끝이겠지. - '당신은 뭐든 될 수 있어요, 피아니스트, 경리, 여배우, 당신 안에는 정말 많은 가능성이 숨어 있어요. 그렇지만 당신은 항상 가정환경이 너무 좋았지요.' 너무 좋았다. 하하. 프레트는 나를 과대평가해. 난 아무것에도 재능이 없어. - 누가 알아? 베르타처럼 그렇게까지 될지? 그렇지만 나한테는 그런 에너지가 없어. 좋은 집안의 젊은 숙녀. 하, 좋은 집안이라. 아빠는 피후견인의 돈을 횡령하고. 제게 왜 이런 짓을 하는 거예요, 아빠? 그 돈 중에 조금만이라도 갖고 있어도! 그런데 주식에다 날려버렸죠! 그럴 가치가 있었나요? 3만도 아빠에게 도움이 되지 못할 거예요. 아마 석 달 정도? 결국 아빠는 야반도주해야 할 거야. 일 년 반전에 거의 거기까지 갔었지. 그때는 도움을 받을 수 있었어. 그렇지만 이제 다시 그럴 일은 없을 거야 - 그러면 우리에게 어떤 일이 일어날까? 루디 오빠는 로테르담에 반더허스트 은행으로 가겠지. 그러면 니는? 돈 많은 님편. 아, 내게 시참금이 있다면! 오늘 난 정말 아름다워. 그건 아마 흥분시키겠지. 누구를 위해 난 이렇게 아름답지? 여기에 프레트가 있다면 내가 기쁠까? 아, 프레트는 기본적으로 내게 어울리지 않아. 바람둥이가 아니거든! 그래도 프레트가 돈이 있다면, 그를 가질 텐데. 그리고는 바람둥이가 와서 - 불행은 끝나겠지. 당신도 기꺼이 바람둥이가 되고 싶죠, 폰 도르스데이 씨? - 멀리서 볼 때 당신은 때로는 그렇게 보여요. 마치 인생을 다 산 프랑스 귀족 비콩트[27], 돈 주앙처럼 – 당신의 멍청한 코걸이 안경과 하얀 플란넬 양복. 그렇지만 바람둥이가 되려면 한참 멀었어요. - 다 챙겼나? '디너' 준비 끝? - 그런데 한 시간 동안 난 뭘 하지, 만약 도르스데이를 만나지 못한다면? 그가 그 불행한 비나베르 부인과 산책 중이면? 아, 그 부인은 전혀 불행하지 않아, 3만 굴덴이 필요 없잖아. 그러니까 난 홀에 앉겠지, 안락의자에 멋지게, 〈일러스트 뉴스〉나 〈비 파리지엥〉[28]을 들여다보며, 이처럼 다리를 꼬고 앉아 있을 거야. 무릎 아래 찢어진 스타킹은 보이지 않을 거야. 지금 막 억만장자가 도착했을지도 몰라. - 당신 아니면 어느 누구도. - 난 흰색 숄을 집어 든다. 이건 내게 잘 어울려. 아무렇지도 않게 나의 멋진 어깨 위로 숄을 두른다. 대체 누굴 위해, 이 멋진 어깨가 있는 거지? 난 남자를 매우 행복하게 해 줄 수 있을 거야. 돈 많은 남자만 있다면. 아이는 갖지 않을 거야. 난 모성애가 없어. 마리 바일은 모성애가 있어. 엄마도 그렇고, 이레네 이모도. 난 고상한 이마를 가졌고, 아름다운 몸매도. - '제가 원하는 대로, 당신을 모델로 그림을 그려도 된다면, 엘제 양.' - 그래요, 당신께 맞추어드리

---

27   프랑스 바론과 남작 중간의 귀족 칭호.

28   프랑스 잡지 〈파리의 인생〉.

죠. 난 그 사람 이름조차 알지 못해. 티치아노[29] 같은 이름은
절대 아니었는데, 그러니까 그건 무례한 것이지. - 조금 전에
편지 한 통을 받았어요, 폰 도르스데이 씨. - 목덜미와 목에 파
우더 조금, 손수건에 버베나[30] 향수 한 방울, 상자를 잠그고,
창문은 다시 열고, 아, 얼마나 멋진가! 울기에. 난 불안해. 이런
경우에 불안해해서는 안 돼. 베로날이 든 작은 상자는 속옷 옆
에 있어. 새 나이트셔츠도 필요한데. 그럼 또다시 한판 드라마
가 벌어지겠지. 아, 하느님.

　무시무시하다, 마치 내게로 무너져 내릴 듯이 거대한 시모
네 산! 아직 하늘엔 별이 없어. 공기는 샴페인 같아. 그리고 초
원의 향기. 난 시골에서 살게 될 거야. 토지를 소유한 사람과
결혼해서 아이들도 갖게 될 거야. 프로리엡 박사가 아마 내가
행복할 수 있는 유일한 사람이었던 같아. 연이은 두 번의 저녁
이 얼마나 아름다웠는데, 첫날은 크니엡 씨 댁이었고, 그 다음
은 예술가들의 무도회였어. 그 사람은 왜 갑자기 사라져버린
걸까 - 적어도 나한테는? 아빠 때문일까? 그럴 수도. 다시 아
래층의 사람들 무리 속으로 내려가기 전에 공중에다 인사를

29　이탈리아 화가.

30　레몬 향이 나는 약한 향수.

외치고 싶어. 그렇지만 그 인사가 누구에게로 가겠어? 난 완전히 혼자인데. 정말 끔찍하게도 혼자야. 아무도 상상할 수 없을 만큼. 인사를 받아요, 내 연인. 누구? 인사를 보내요, 나의 신랑! 누구? 안녕, 내 남자친구! 누구? ─ 프레트? ─ 아무런 흔적도 없네. 자, 창문이 열린 채로 있다. 공기가 차가워지더라도. 등을 끈다. 좋아. ─ 그래, 맞아, 편지는 만약을 위해 내가 가지고 있어야지. 책은 협탁 위로, 오늘 밤에 《우리의 마음》[31]을 계속 읽어야지, 거울 속에 있는 가장 아름다운 아가씨, 나에 대해 좋은 기억을 가져주세요, 안녕히…….

난 왜 문을 잠그지? 여기는 아무것도 없어지지 않을 텐데. 씨시는 밤에 방문을 열어둘까? 아니면 그가 노크하면 그때서야 잠긴 문을 열어줄까? 물론 그럴 테지. 그런 다음 그들은 함께 침대에 누워 있어. 역겨워. 난 내 남편이랑 침실을 같이 쓰지 않을 거야, 나의 수천 명 애인들과도. ─ 계단 전체에 사람이 아무도 없네! 항상 이 시간에는 그래. 내가 걷는 소리가 울린다. 여기에 머무른 지 3주. 8월 12일에 그문덴[32]을 출발했어. 그문덴은 지루했어. 아빠는 어디서 돈이 나서 나와 엄마를

---

3 1   1890년 발표된 모파상의 소설 《노트르 쾨어》.

3 2   스위스의 휴양 지역으로 가장 유명한 도시는 생 모리츠.

시골로 보낸 거지? 루디도 4주씩이나 여행 중이잖아. 난 우리
가 어떻게 살아나가는지 절대로 이해하지 못할 거야. 당연히
엄마는 이제 보석이 하나도 없어. - 왜 프레트는 그문덴에 이
틀만 있었을까? 애인이 있는 게 분명해! 물론 난 그렇다고 생
각할 수 없지만. 난 어떤 것도 생각할 수 없어. 그가 내게 편지
를 하지 않은 지 일주일이 지났어. 프레트는 항상 아름다운 편
지를 쓰는데. - 저기 작은 탁자에 누가 앉아 있지? 아니, 도르
스데이는 아니야. 다행이다. 이제 디너 전에 그에게 뭔가를 말
하는 것은 불가능해. - 왜 도어맨이 나를 이상하게 쳐다보지?
결국은 엄마의 속달편지를 읽은 건가? 난 미친 것 같아. 다음
에는 다시 그에게 팁을 주어야 해. - 저기 금발 여자는 벌써 디
너를 위해 옷을 갈아입었군. 어떻게 저렇게 뚱뚱할 수 있지!
- 난 호텔 밖으로 나가서 잠깐 왔다 갔다 할 거야. 아니면 음
악 홀로? 거기서 누가 연주하고 있나? 베토벤 소나타! 여기에
서 베토벤 소나타를 치다니! 난 피아노 치는 걸 소홀히 하고
있어. 빈에서는 다시 규칙적으로 연습할 거야. 완전히 다른 삶
을 시작할 거야. 그건 우리 모두가 그래야 해. 이렇게는 계속
갈 수는 없어. 난 심각하게 아빠와 이야기할 거야. - 그럴 시
간이 온다면. 그럴 거야, 그렇게 될 거야. 왜 난 한 번도 그러지
않았지? 우리집에서는 모든 걸 농담으로 처리하지. 어느 누구

도 농담할 기분이 아니면서. 모두가 다른 사람을 두려워해, 모두가 혼자야. 엄마는 혼자야, 그다지 영리하지도 않고, 어느 누구에 대해서도 아는 게 없으니까, 나에 대해도, 루디 오빠에 대해도, 그리고 아빠에 대해서도. 그렇지만 엄마는 그걸 느끼지도 못하고 루디 오빠도 그걸 몰라. 루디는 상냥하고 멋진 남자야, 하지만 스물한 살 오빠에게 거는 더 많은 기대가 있었지. 네덜란드로 가는 게 루디에게는 좋을 거야. 난 어디로 가야하지? 멀리 여행을 떠나서 내가 하고 싶은 일을 하고 싶어. 아빠가 미국으로 달아난다면, 나도 함께 갈 거야. 난 벌써 완전 혼란스러워…… 도어맨은 내가 미쳤다고 하겠지, 내가 의자에 기대어 앉아 허공을 응시하고 있으니. 내 담배에 불을 붙일 거야. 담뱃갑이 어디 있지? 위층에. 어디겠어? 베로날은 속옷에 있어. 그런데 담뱃갑은? 저기 씨시와 파울이 온다. 저들도 드디어 디너를 위해 옷을 갈아입으려는 거겠지, 그렇지 않았으면 어둠 속에서 게임을 계속하고 있었을 텐데. - 그들은 나를 보지 않는다. 파울이 그녀에게 뭐라고 하는 거지? 저 여자는 왜 저렇게 멍청하게 웃는 거지? 빈에 있는 그녀 남편한테로 익명의 편지를 보낸다면 재밌을 거야. 내가 그런 일을 할 수 있을까? 결코. 하지만 누가 알아? 이제 그들이 나를 보네. 난 저들에게 고개를 끄덕여 인사를 한다. 내가 이렇게 예쁘게 보이니, 저 여자는 화가 나겠지. 얼마나 당황해 할까.

"아니, 엘제, 벌써 다이너 준비가 끝났어요?" - 지금은 왜 디너가 아니라 다이너라고 하는 거지? 이랬다저랬다 하기까지. - "보시다 시피요, 씨시 부인." - "정말 매력적으로 보여, 엘제, 네게 구애를 할 마음이 드는데." - "그렇게까지 할 필요는 없어, 파울, 담배에 불이나 붙여 줘." - "물론, 기꺼이." - "고마워, 게임은 어떻게 끝났어?" - "씨시 부인이 나를 세 번이나 연달아 이겼어." - "파울이 좀 산만하더라구요. 그런데 엘제, 내일 그리스 황태자가 이리로 오는 거 알고 있어요?" - 그리스 황태자가 나와 무슨 상관이람? "아, 정말요?" 아 맙소사, - 도르스데이와 비나베르 부인이다! 그들이 인사한다. 지나간다. 난 너무 공손하게 인사했어. 그래, 평소와는 딴 판으로. 아휴, 나라는 애는. - "담뱃불이 꺼졌네, 엘제?" - "자, 다시 불을 붙여줘. 고마워." - "숄이 정말 예뻐요, 엘제, 검정 옷과 당신 얼굴에 진짜 잘 어울려요. 나도 이제 옷을 갈아입어야겠어요." - 가지 말아요, 난 도르스데이가 두려워. - "일곱 시에 미용사를 불렀거든요. 그 미용사는 유명해서 겨울에는 밀라노에 가있어요. 그럼, 아듀, 엘제, 아듀, 파울." - "손등에 키스를, 부인." "아듀, 씨시 부인." - 그녀는 가버린다. 좋아, 적어도 파울은 남아 있으니까. "잠깐 네 옆에 앉아도 될까, 엘제? 아니면 꿈에 잠긴 네게 내가 방해가 되니?" - "내 꿈이라니? 아마도 나의 현실이겠지." 아무 뜻도 없는 말이다. 차라리 파울도 가버려. 난 도르스데이와 얘기를 해야 해. 저기 그 사람이 아직도 그 불행한 비나베르 부인과 같이 서 있어. 지루해 하면서, 나를 쳐다보면서, 나에게로 오고 싶어 해. - "네가 방해 받고 싶어 하지 않는 그런 현실이 있는 거야?" - 도르스데이가 뭐라고 하는 거지? 지옥에나 가라지. 왜 난 파울을 보며 애교스럽게 웃는 거지? 전혀 그럴 의도가 아닌데. 도르스데이가 나를 향해 힐끔거리네. 난 어디에 있는 거지? 어디에? "엘제, 오늘 무슨 일이 있어?" - "일이 있을게 뭐가 있어?" - "넌 비밀스럽고, 매력적이고, 유혹적이야." - "바보 같은 소리 하지 마, 파울" "너를 보고 있으면, 누구든 미쳐버릴 거야." - 무슨 생각을 하는 거지? 내게 뭐라고 하는 거지? 파울은 잘생겼다. 내 담배 연기가 그의 머리칼을 휘감는다. 그렇지만 지금은 파울이 필요하지 않아. - "나를 보지 않는구나? 왜 그래, 엘제?" - 나는 답하지 않는다. 지금은 그가 필요하지 않다. 난 저항할 수 없는 얼굴을 한다. 이제 대화는 그만. - "너는 생각이 완전히 다른 데에 가 있구나." - "그 말이 맞을 거야." 그가 나를 신경 쓰고 있어. 도르스데이는 내가 그를 기다리고 있나는 것을 알까? 나는 보지 않고 있지만, 그가 이쪽을 보고 있다는 걸 안다. - "그럼, 갈게, 엘제." - 다행이다. 그가 내 손등에 입을 맞춘다. 보통 때는 그런 적이 없었는데. "아듀, 파울." 녹아내리는 것 같은 내 목소리는 어디서 나온 거야? 그가 간다, 허풍쟁이. 아마 씨시랑 오늘밤 만날 약속을 해야 하겠지. 재밌게 보내. 난 어깨를 숄로 감싸고 일어나서, 호텔 앞으로 간다. 물론 약간 서늘해질 것이다. 하필 내가 외투를 – 아, 난 외투를 오늘 아침 일찍 호텔 프론트에 맡겼지. 숄을 통과해서 내 목덜미 위로 도르스데이의 시선이 느껴진다. 비나베르 부인은 이제 방으로 올라간다. 내가 그걸 어떻게 알지? 텔레파시. "여기, 부탁 좀 드릴게요. 포터" "외투를 드릴까요, 아가씨?" – "네, 고마워요." – "벌써 저녁에는 약간 차갑답니다, 아가씨. 이곳은 날씨가 갑자기 달라지죠." – "고마워요." 정말 호텔 앞으로 가야할까? 물론이지, 그럼 어떻게 해? 저어도 문 쪽으로. 이제 한 사람씩 차례차례 온다. 금색 코안경을 쓴 신사. 녹색 조끼를 입은 긴 금발 여자. 모두 나를 쳐다본다. 키 작은 제노바 여자는 예쁘다. 아니지, 로잔에서 온 여자야. 사실은 그다지 공기가 차지는 않다.

"좋은 저녁이에요, 엘제 양." – 하느님 맙소사, 그 남자다. 난 아빠에 대해 아무것도 말하지 않을 거야. 단 한마디도. 나중에 식사 후에나. 아니면 내일 빈으로 떠날 거야. 직접 피알라 박사에게로 간다. 왜 그 생각이 금방 떠오르지 않지? 난 몸을 돌리고, 마치 내 뒤에 오는 게 누구인지 몰랐다는 얼굴을 한다. "아, 폰 도르스데이 씨." – "산책을 더 하시게요, 엘제 양?" – "아이, 산책이라기보다 저녁 식사 전에 조금 왔다 갔다 하는 거죠." – "그때까지는 거의 한 시간이 남아있어요." – "정말요?" 전혀 서늘하지 않다. 산은 푸른색이다. 그가 갑자기 내 손을 잡는다면 웃기겠지. – "세상에 이곳만큼 아름다운 곳도 없을 겁니다." – "그런가요, 폰 도르스데이 씨? 그렇지만 제발 여기 공기가 샴페인 같다는 말씀은 하지 마세요." – "아뇨, 엘제 양, 나는 2천 미터 이상부터 그런 말을 할 겁니다. 그리고 여기 우리는 해발고도 1650미터쯤에 서 있어요." – "그게 차이가 있나요?" – "물론이죠. 엥가딘[33]에 가 본 적이 있나요?" – "아뇨, 아직 한 번도. 그러니까 그곳은 공기가 샴페인 같다는 거죠?" – "거의 그렇다고 할 수 있어요. 그렇지만 샴페인은 제가 좋아하는 음료는 아니에요. 난 이 지역이 더 좋아요. 아름다운 숲 때문이죠." – 정말 지루한 사람이야. 그걸 알아채지 못하나? 분명 나와 무슨 얘기를 해야 할지 잘 모르는 거야. 결혼한 부인과는 대화가 훨씬 간단하겠지. 약간 점잖지 못한 말들을 하고 나서 대화가 계속되겠지. – "여기 산 마르티노에 오래 머물 건가요, 엘제 양?" – 바보 같아. 내가 왜 저 사람을 애교 섞인 시선으로 쳐다보는 거

지? 그리고 저 사람도 벌써 웃음을 띠고 있잖아. 아냐, 남자들은 멍청해. "그건 부분적으로 제 이모의 계획에 달려 있어요." 그건 사실이 아니야. 난 혼자 빈으로 갈 수 있어. "아마 10일까지요." – "어머니는 여전히 그문덴에 계신가요?" – "아뇨, 폰 도르스데이 씨, 벌써 빈에 가 계세요. 몇 주 되었는걸요. 아빠도 빈에 계세요. 아빠는 올 해 일주일 정도밖에 휴가를 못 가셨어요. 제 생각에는 에르베스하임 소송 때문에 일이 많으신가 봐요." – "그러시겠지요. 그렇지만 엘제 양 아버지가 에르베르하임 가문을 구할 수 있는 유일한 사람일 겁니다. ……그게 민사소송으로 된 것은 이미 성공한 것이나 다름없죠." – 이거 좋은데, 잘되고 있어. "그런 좋은 예감을 갖고 말씀해주시니 저도 듣기에 마음이 편하네요." – "예감이라니? 이떤?" – "네, 아빠가 에르베르하임 건에서 승소할 거라는 걸." – "난 그건 단 한 번도 확정적으로 주장할 의도가 없었는데요." – 뭐야, 벌써 물러서는 건가? 그렇게는 안 되지. "아, 전 다가올 느낌과 예감을 어느 정도 믿는답니다. 보세요, 폰 도르스데이 씨, 오늘 전 집에서 편지 한 통을 받았어요." 이건 별로 능숙하지 못했어. 그는 약간 황당한 얼굴을 한다. 계속 해, 말을 삼키지 말고. 그는 아빠의 오래된 좋은 친구잖아. 계속. 계속. 지금 아니면 결코. "폰 도르스데이 씨, 방금 아빠에 대해 좋게 말씀해주셨죠. 그러니 제가 선생님께 정직하지 않다면 전 나쁜 사람일 겁니다." 눈이 왕 방울만해지네? 아, 뭔가를 눈치 챈 거야. 계속해, 계속. "그 편지에는 폰 도르스데이 씨에 대한 얘기가 있었어요. 엄마에게서 온 편지거든요." – "그래요." – "사실은 아주 슬픈 편지예요. 저희 집안 상황을 잘 아시죠, 폰 도르스데이 씨." – 맙소사, 내 목소리에 눈물이. 앞으로, 앞으로, 이제는 더 이상 돌이킬수 없어. 하느님 감사합니다. "짧게 말해서, 폰 도르스데이 씨, 우리는 또 한 번 그런 상황이 되었어요." – 이제 그는 정말 가버리고 싶겠지. "사소한 일 때문이에요, 정말 사소한 것이요, 폰 도르스데이 씨. 그리고 엄마가 편지에 썼듯이, 모든 게 경각에 달려 있어요." 난 너무나 멍청한 계집애처럼 말하고 있다. – "아니, 진정해요, 엘제 양." – 그가 아주 친절하게 말했다. 그렇다고 내 팔을 건드릴 이유는 없잖아. – "그러니까, 대체 무슨 일이죠, 엘제 양? 어머니의 슬픈 편지에 무슨 내용이 있었기에!" – "폰 도르스데이 씨, 아빠가" – 내 두 무릎이 떨린다. "엄마가 쓰기를, 아빠가" – "아이구, 엘제, 대체 무슨 일이에요? 차라리 여기 – 여기 벤치가 있어요. 외투로 감싸드려도 될까요? 기온이 조금 쌀쌀하군요." – "고맙습니다, 폰 도르스데이 씨, 아, 아무것도 아니에요, 별 일은 아니에요." 자, 지금 난 갑자기 벤치에 앉아 있다. 저기 지나가는 저 부인은 누구지? 전혀 모르겠다. 내가 더 이상 말을 하지 않아도 된다면 얼마나 좋을까. 날 쳐다보는 저 남자의 시선! 어떻게 나한테 이걸 요구할 수 있어요, 아빠? 이건 옳지 못해요, 아빠. 이제는 이미 일어난 일이다. 디너가 끝날 때까지 기다렸어야 했는데. - "자, 엘제 양?" - 그의 외눈 안경이 느슨하게 달랑거린다. 멍청해 보인다. 대답을 해야 할까? 난 해야 한다. 그러니 재빨리, 그래서 이 일을 끝마쳐야 한다. 나한테 무슨 일이야 있겠어? 그는 아빠의 친구인데. "아, 폰 도르스데이 씨, 당신은 우리 집안의 오랜 친구시죠." 말을 아주 잘했어. "그래서 아마 놀라시지 않을 겁니다. 아빠가 다시 심각한 상황에 처해 있다고 말씀드려도 말이에요." 내 목소리가 묘하게 울린다. 지금 말을 하는 게 내가 맞나? 꿈을 꾸는 걸까? 난 분명 평소와는 다른 얼굴을 하고 있을 거야. - "물론 그다지 놀라운 일은 아닙니다. 당신 말이 맞습니다, 친애하는 엘제 양. - 물론 그건 심히 유감스럽지만." - 왜 내가 그를 애원하듯 쳐다보는 거지? 미소를 지어, 미소를. 됐어. - "당신의 아버지에게 진정 우정을 느낍니다, 당신 가족들 모두에게." - 그렇게 좀 쳐다보지 마, 너무 불쾌해. 난 다른 식으로 말을 하고, 웃어주지 않을 거야. 난 더 품위 있게 행동해야 해. "자, 폰 도르스데이 씨, 이제 제 아버지에 대한 당신의 우정을 증명할 기회를 갖게 되신 거예요." 다행이다. 내 원래 목소리가 돌아왔어. "그러니까, 폰 도르스데이 씨, 우리의 모든 친척과 지인분들은 - 대부분이 이젠 빈에 없어요 - 그렇지 않았다면, 어머니께서 그럴 생각을 하지 않았을 겁니다. - 최근에 전 우연히 어머니께 보내는 편지에 폰 도르스데이 씨가 이곳 마르티노에 계시다고 언급 했어요 - 물론 다른 소식들도 함께요." "나도 압니다, 엘제 양, 내가 당신의 편지의 유일한 주제가 아니라는 것을요." - 왜 내 앞에 서서 자기 무릎으로 내 무릎을 누르는 거지? 아, 그러게 두지 않을 테야. 무슨 소용이야! 이미 저 아래 나락으로 떨어져버린 이상. - "그러니까 어떻게 된 일이냐 하면요. 피알라 박사님이에요, 그분이 이번에 아빠를 힘들게 만든 거 같아요." - "아, 피알라 박사." - 그도 분명 안다. 이 피알라가 어떤 사람인지. "네, 피알라 박사요. 그리고 문제가 되는 금액은 5일, 그러니까 모레 정오 12시에 - 게다가 그의 손에 들어가야 해요. 그렇지 않으면 회닝 남작님이 - 네, 생각해보세요, 남작님이 아빠를 오라고 해서, 개인적으로, 그분은 아빠를 매우 사랑하시거든요." 대체 폰 회닝에 대해 내가 왜 말을 하고 있지? 그럴 필요가 전혀 없었는데. - "엘제, 그러니까 그렇지 않으면 구속은 피할 수 없다는 걸 말하려는 건가요?" - 왜 저렇게 가혹하게 말하는 거지? 난 대답은 하지 않고, 고개를 끄덕이기만 한다. "네." 이제야 네라고 말한다. - "흠, 그건 - 심각하군, 그건 정말 - 이 재능 있고 머리 좋은 사람이. - 그럼 그 액수가 대체 얼마나 되는 거죠, 엘제 양?" - 대체 왜 웃는 거지? 심각하다고 하면서, 웃네. 저 웃음을 뭘 뜻하는 거지? 얼마든 상관없다는 건가? 그런데 안 된다고 말한다면! 안 된다고 하면, 난 죽어버릴 거야. 자, 난 액수를 말해야 해. "어머나, 폰 도르스데이 씨, 제가 말하지 않았나요, 얼마인지? 백만이요." 내가 왜 이런 말을 하는 거지? 지금은 농담할 순간이 아니지 않나? 내가 실제로는 그것보다 적다고 이제 말한다면, 저 사람은 기뻐하겠지. 저 사람 눈이 커지네? 결국은 그걸 진짜 가능하다고 생각한 건가, 아빠가 백만을 - "미안합니다, 폰 도르스데이 씨, 제가 이 순간 농담을 하다니. 전 정말 농담할 기분은 아닌데 말입니다." - 그래, 그래, 계속 무릎을 눌러 대, 넌 그래도 돼. "물론 백만은 아니에요. 다 합해서 3만 굴덴이에요, 폰 도르스데이 씨. 그게 모레 정오 12시까지 피알라 박사 손에 들어가야 한답니다. 네, 어머니는 편지에서, 아빠가 모든 가능한 걸 다 해봤고, 말씀드렸다시피 생각해볼 만한 친척들은 빈에 없어요." - 아, 하느님, 내가 얼마나 비참해지는지. - "그렇지 않았으면 아빠는 물론 이런 생각은 하지 않았을 거예요. 폰 도르스데이 씨에게 도움을 청할, 그러니까 제게 부탁을 해서 - " 왜 말을 안 하는 거지? 왜 아무런 표정도 짓지 않지? 그래요,

라고 왜 말하지 않지? 수표책과 만년필은 어디 있어? 제발 안 돼, 라고 하려는 건 아니지? 내가 저 사람 앞에서 무릎이라도 꿇어야 하나? 아, 맙소사! 하느님 –

"5일이라고 했나요, 엘제 양?" – 아, 다행이다, 그가 말을 한다. "네, 모레요, 폰 도르스데이 씨, 12시요. 그러니까 필요한 게 – 제 생각에는 편지로는 거의 해결할 수 없을 겁니다." – "물론 안 되죠, 엘제 양, 아마 우리는 전보를 쳐야겠지요." – '우리', 그거 좋아, 아주 좋아. – "자, 그건 별로 중요한 게 아니에요. 얼마라고 했죠, 엘제?" – 아니, 그걸 듣지 않았나, 왜 날 괴롭히는 거야? "3만이요, 폰 도르스데이 씨. 참 우스운 금액이죠?" 내가 왜 이런 말을 하지? 멍청하긴. 그런데 그가 웃는다. 멍청한 여자애, 라고 생각하겠지. 그가 아주 다정하게 웃는다. 아빠는 살았어. 그는 아빠에게 5만도 빌려줄 테고, 그럼 우린 모든 걸 해결할 수 있을 거야. 난 새 나이트 셔츠를 살 수 있어. 난 못된 애야. 사람이란 그런 거지. – "그렇게 우스운 건 아니지, 사랑스런 애야." – 왜, '사랑스런 애'라고 하는 거지? 이건 좋은 건가, 나쁜 건가? – "그런 생각을 하다니. 3만 굴덴이라는 돈도 벌어야 하는 거니까." – "죄송해요, 폰 도르스데이 씨. 그런 뜻은 아니었어요. 전 단지, 너무 슬퍼요, 아빠가 그 정도의 액수 때문에, 고작 그 액수 때문에" – 아휴, 또 횡설수설하는구나. "전혀 생각 못하실 거예요, 폰 도르스데이 씨, ─ 저희 집 상황을 어느 정도 아시게 되더라도, 저나 특히 어머니에게 이게 얼마나 끔찍한 일인지." ─ 그는 한쪽 발을 벤치 위로 올린다. 그게 멋있다는 거야 뭐야 ─ 아니면? "오, 난 상상할 수 있어요, 친애하는 엘제." ─ 그의 목소리가 완전히 달라진다, 이상해. ─ "나도 여러 번 생각했었어요, 참으로 안됐어, 참으로, 이 머리 좋은 사람이." ─ 왜 '안됐다'라고 하는 거지? 돈을 주지 않으려는 건가? 아냐, 그냥 일반적으로 그렇다는 거겠지. 왜 마침내 예스라고 하지 않지? 아니면 그걸 당연시하는 건가? 왜 저렇게 나를 쳐다보지? 왜 계속 말을 하지 않지? 아, 두 명의 헝가리 여자들이 지나가는구나. 이제 이 사람도 최소한 점잖게 다시 서 있다. 더 이상 발을 벤치에 올리지 않고. 저 넥타이는 나이든 사람한테 너무 튀네. 그의 애인이 골라준 건가? 그다지 점잖지 않은 관계 '우리끼리 말이지만', 라고 엄마가 썼었지. 3만 굴덴! 난 그에게 웃어준다. 내가 왜 웃지? 아, 난 비겁해. ─ "그리고 내 친애하는 엘제 양, 이 금액으로 정말 뭔가 해결될 수 있다고 최소한 가정할 수 있다면? 그런데 ─ 당신은 영리한 사람이죠, 엘제, 이 3만 굴덴으로 뭐가 되겠어요? 밑 빠진 독에 물 붓기지." ─ 맙소사, 돈을 주지 않으려는 걸까? 놀란 얼굴을 하면 안 돼. 모든 게 여기에 달려 있어. 지금 난 뭔가 현명한 말을 해야 해, 그

것도 강하게. "아이, 아니에요, 폰 도르스데이 씨, 이번에는 밑
빠진 독에 물 붓기가 아니에요. 에르베르하임 가 소송이 코앞
에 있어요. 그걸 잊지 마세요, 폰 도르스데이 씨. 그리고 그 소
송은 지금 거의 이긴 거나 마찬가지에요. 당신도 그런 생각을
갖고 계시잖아요, 폰 도르스데이 씨. 아빠는 다른 소송도 하고
있어요. 게다가 전 아빠와, 웃지 마세요, 폰 도르스데이 씨, 매
우 진지하게 얘기해 볼 생각이에요. 아빠는 제 말은 조금 들어
주시거든요. 아빠에게 어느 정도 영향을 줄 수 있는 사람이 있
다면, 그건 아마 제일 먼저 저라고 말씀 드릴 수 있어요." – "당
신은 정말 감동적이고 매력적인 사람이에요, 엘제 양." – 그의 목
소리가 다시 울리기 시작한다. 남자의 목소리가 저런 식으로
울리기 시작하면, 난 역겨워. 프레트라도 싫어. – "참으로 매력
적인 사람이야." – 왜 '참으로'라고 말하지? 격이 떨어지잖아.
그건 부르크테아터[34]에서나 들을 수 있는 말인데. – "난 당신
의 낙관론에 진짜로 동참하고 싶지만, – 낡은 수레가 이미 길을 벗어
나 잘못 굴러가기 시작했다면." – "그렇지 않아요, 폰 도르스데
이 씨. 제가 아빠를 믿지 않는다면, 제가 확신하지 않았다면,
이 3만 굴덴으로" – 나노 너 이상 무슨 밀을 해야 할지 모른

---

3 4   빈의 시민극장.

다. 내가 그렇다고 그에게 구걸을 할 수는 없어. 그는 고민한다. 분명. 혹시 피알라의 주소를 모르는 걸까? 말도 안 돼. 그 상황은 말도 안 돼. 나는 마치 불쌍한 죄인처럼 이렇게 앉아 있다. 그는 내 앞에 서서 외눈 안경 너머로 내 이마를 뚫어지게 보면서 침묵하고 있다. 이제 난 일어날 거야, 그게 최선이다. 날 이런 식으로 취급하게 두지 않을 거야. 아빠는 죽어야 해. 나도 죽어버릴 거야. 이런 치욕적인 삶. 제일 좋은 건 저기 바위에서 뛰어내리는 거야, 그럼 모든 게 끝이야. 너희들 모두에게 잘된 일이야. 난 일어선다. ─ "엘제 양." ─ "죄송해요, 폰 도르스데이 씨, 제가 이런 상황으로 신경 쓰시게 해서요. 당신의 거절하는 듯한 태도는 물론 전적으로 이해합니다." ─ 그렇게, 끝이야, 난 간다. ─ "가지 말아요, 엘제 양." 가지 말라고 했나? 내가 왜 있어야 하지? 그는 돈을 주려는 거야. 그래. 분명해. 그래야만 해. 그렇지만 난 다시 자리에 앉지 않는다. 난 서 있다. 마치 0.5초 동안만이라는 듯이. 이 남자보다 난 조금 더 크다. ─ "당신은 내 대답을 아직 기다리지 않았어요, 엘제. 난 이미 한 번, 미안해요, 엘제, 내가 그 일을 같은 맥락에서 언급하는 것을." ─ 그렇게 자주 엘제라고 할 필요 없어. ─ "아버지가 난처한 상황에서 나오도록 도울 수 있었어요. 하여간 이번보다는 더 우스운 금액이었지요. 그리고 그 돈을 다시 볼 것이라는 희망을 단 한 번도

가져 본 적이 없었죠. - 그러니까 이번에도 내가 요청을 거절할 하
등의 이유는 없어요. 게다가 엘제, 당신처럼 젊은 아가씨가, 당신이
직접 부탁하기 위해 내 앞에 나타나다니 -" 무슨 말을 하려는 거
지? 그의 목소리는 더 이상 '울리지' 않는다. 아니, 다른 식으
로! 날 쳐다보는 것 좀 보게? 존중심을 가지라구! - "그러니까,
엘제, 난 준비가 되었어요 – 피알라 박사는 모레 정오 12시에 3만
굴덴을 받을 겁니다. - 조건은 하나" – 더 이상 말하지 마, 안 돼.
"폰 도르스데이 씨, 제가 개인적으로 보증을 설게요, 제 아버
지가 에르베스하임으로부터 보수를 받는 즉시 그 금액을 갚
지 않으면요. 에르베르하임 가는 아직 한 푼도 지불하지 않았
어요. 선금도요, 엄마가 제게 그렇게 썼어요." – "됐어요, 엘제,
절대 다른 사람의 보증을 서면 안 됩니다, 자신을 위한 보증도요."
– 무슨 의도지? 그의 목소리가 다시 울리기 시작한다. 어떤 인
간도 저렇게 날 쳐다본 사람은 없었어. 난 그가 무슨 말을 하
려는지 예감한다. 안 돼! – "한 시간 전에 이게 가능하다고 내가
생각이나 했겠어요? 이런 경우에 내가 조건을 제시할 생각을 하는
것 말입니다. 그런데 지금 내가 그걸 하고 있군요. 그래, 엘제, 남자
는 남자예요, 그리고 당신이 이렇게 아름답다는 건, 네 잘못이 아니
야, 엘제." – 뭘 원하는 거지? 뭘 원해? – "아마 오늘이나 내일 난
같은 것을 당신에게 부탁했을 거요. 내가 지금 부탁하려는 것을. 비

록 당신이 백만, 파르동[35], 3만 굴덴을 내게 원하지 않았다 하더라도. 물론 다른 상황이었다면 당신은 이렇게 오랜 시간 단 둘이 내가 당신과 이야기할 수 있는 기회도 주지 않았겠지." - "아, 제가 정말 너무 오래 붙잡았네요, 폰 도르스데이 씨." 좋은 말이야. 프레트도 만족했을 거야. 뭐야? 내 손을 잡네? 무슨 생각을 하는 거지? - "당신은 아직도 모르겠어요, 엘제." - 내 손 좀 놔! 이제야, 하느님 감사합니다, 내 손을 놓는다. 가까이 오지 마, 가까이. - "당신은 여자가 아니겠죠, 엘제, 그걸 눈치 채지 못했다면. 즈부 데지레[36]." - 독일어로 말해도 되는데, 비공트[37] 씨. - "더 말을 해야 합니까?" - "이미 너무 많은 말씀을 하셨어요, 도르스데이 씨." 그리고 나는 여전히 서 있다. 대체 왜? 난 간다, 인사 없이. - "엘제! 엘제!" - 이제 그는 다시 내 옆에 있다. - "용서해요, 엘제. 나도 농담을 한 겁니다. 방금 당신이 백만이라고 농담을 한 것처럼. 나도 내 요구를 그렇게 높이 제시하지 않겠어요 - 당신이 두려워하는 것처럼, 그건 유감이기는 하지만 말하죠, - 당신은 더 줄어든 요구에 기분 좋게 놀랄 겁니다. 제발, 가지 말고 있어요,

---

35 프) 미안합니다.

36 프) 난 당신을 갈망합니다.

37 프) 자작 .

엘제." - 난 정말 멈추어 선다. 대체 왜? 이제 우리는 서로 마주
보고 서 있다. 그냥 그의 얼굴을 후려쳐야 하나? 지금이 그때
가 아닐까? 두 명의 영국인이 지나간다. 지금이 바로 그 순간
이야. 바로 그 때문이야. 왜 난 그러지 못하지? 난 비겁해, 난
부서졌어, 모욕당했어. 백만 대신에 그는 무엇을 원할까? 혹시
입맞춤 한번? 그것이라면 얘기해볼 만하지. 백만 대 3만은 마
치 ― 웃기는 방정식이군. - "정말로 백만이 필요하게 된다면, 엘
제 - 난 비록 부유한 남자는 아니지만, 그래도 한번 두고 보죠. 그렇
지만 이번에는 당신처럼 만족하렵니다. 그리고 이번에 원하는 것은
다름 아닌 엘제, 당신을 - 보는 겁니다." -- 이 자가 미쳤나? 날
보고 있잖아. - 아, 그걸 말하는구나, 그걸! 왜 난 이 나쁜 자
식의 얼굴을 갈기지 못하지? 내 얼굴이 붉어졌나, 아님 창백
해졌나? 나의 벗은 몸을 보고 싶다고? 그건 많은 사람들이 원
하지. 난 아름다우니까, 옷을 벗으면. 왜 난 그의 따귀를 때리
지 않지? 그의 얼굴이 엄청나게 크다. 왜 이렇게 가까이 와, 나
쁜 놈아? 네 입김이 내 뺨에 닿는 게 싫어. 왜 난 그를 그냥 내
버려두고 가지 않지? 그의 시선이 나를 옭아매고 있나? 우리
는 서로 절전지원수처럼 서로의 눈을 들여다본다. 난 그에게
나쁜 놈이라고 말하고 싶다, 그렇지만 하지 못한다. 아니면 하
지 않는 건가? - "당신은, 엘제, 마치 미친 사람을 보듯 나를 쳐다

보는군요. 난 아마 조금은 미친 건지도 몰라요, 엘제, 당신에게서 나오는 매력은, 그건 당신은 짐작도 못할 겁니다. 당신은 알아야 해요, 엘제, 나의 부탁이 모욕이 아니라는 것을. 그래요, '부탁'이라고 말하고 있어요, 그것이 절망적이게도 협박처럼 보일지라도 말이죠. 그렇지만 난 협박을 하는 게 아닙니다. 난 이런 저런 경험이 많은 남자일 뿐이에요. - 특히, 세상에는 모든 것에 제값이라는 것이 있고, 자신의 돈을 거저 주는 사람은, 그에 대한 대가를 받을 수 있는데도 그냥 준다면 그 사람은 바보 중에 바보인거요. 그리고 - 내가 이번에 사려는 것은, 엘제, 얼마이든 간에, 당신이 그것을 판다고 해도 그것 때문에 당신이 더 가난해지지는 않아요. 그리고 그것은 우리의 비밀로 남을 것이고, 난 맹세해요, 엘제. - 당신이 보여줌으로써 나를 행복하게 해줄 모든 매력에 길고 말이요." - 저런 언변은 어디서 배웠담? 마치 책에서 나온 말 같잖아. - "그리고 또 당신에게 맹세해요. 난 우리의 계약에 없는 상황을 이용하지 않을 겁니다. 내가 당신에게 요구하는 것은, 15분 동안 서서 당신의 아름다움을 감상할 수 있는 것 이상도 이하도 아니오. 내 방은 당신의 방과 같은 층에 있어요, 엘제, 65호, 기억하기 쉽죠. 오늘 당신이 말했던 그 스웨덴 테니스 선수가 65살이었지 않나?" - 그는 미쳤어! 왜 난 계속 지껄이게 두는 거지? 난 마비된 거 같아. "그렇지만 어떤 이유에서건 65호 내 방으로 나를 방문하는 게 당신 마음에 들지 않는

다면, 엘제, 저녁 식사 후에 간단하게 산책을 제안하고 싶어요. 숲에
도 빛이 있어요. 최근에 아주 우연히 발견했는데, 여기 호텔에서 5
분도 채 떨어져 있지 않아요. - 오늘은 정말 아름다운 여름 저녁이
될 겁니다, 거의 따뜻하고 별빛도 당신을 아름답게 감싸줄 거요."-
마치 여자 노예에게 하듯이 말을 하네. 저 얼굴에 침을 뱉어야
지. - "금방 대답하지 않아도 돼요, 엘제. 생각해 봐요. 저녁 식사
후에 내게 당신의 결정을 통보해주길 바랍니다." - 왜 '통보'라고
말하는 거지? 얼마나 바보 같은 단어인가, 통보. - "조용히 생
각해보아요, 당신은 아마 느낄 겁니다. 내가 당신에게 하는 제안이
단순히 거래가 아니라는 것을."- 그게 아니면 뭐야, 이 딸랑거리
는 나쁜 자식아! - "당신은 아마도 느끼겠죠, 꽤 외롭고 그다지 행
복하지 않은, 그래서 약간의 관심이 필요한 남자가 당신에게 말을
하고 있다는 걸." - 위선 떠는 나쁜 놈. 마치 형편없는 배우처럼
말을 하는군. 그의 잘 다듬은 손가락은 마치 갈고리 같아. 아
냐, 아냐, 난 안해. 대체 왜 안 돼, 라고 말하지 않아. 죽어버려
요, 아빠! 내 손을 갖고 뭘 하려는 거지? 내 팔은 축 늘어져 있
다. 그는 내 손을 그의 입술로 가져간다. 뜨거운 입술. 휘이! 내
손은 차다. 난 그의 모자를 훅 불어서 떨어뜨리고 싶다. 하, 얼
마나 웃길까. 다 했니, 이 나쁜 놈아! - 호텔 앞 아치형 등에 벌
써 불이 들어와 있다. 3층에는 창문 두 개가 열려 있다. 저기

커튼이 움직이는 곳이 내 방이다. 옷장 위에 뭔가가 빛이 난다. 그 위에는 아무것도 없어, 그냥 주석 장식이지. - "자, 또 봐요, 엘제." - 난 대답하지 않는다. 움직이지 않고 그냥 서 있다. 그는 내 두 눈을 들여다본다. 내 얼굴을 꿰뚫을 수 없어. 그는 아무것도 알지 못한다. 그는 모른다. 내가 올지, 오지 않을지. 나도 그걸 모른다. 내가 아는 건 모든 게 끝났다는 것이다. 난 초죽음이 되었다. 그가 저기 간다. 약간 등이 굽어서. 나쁜 자식! 그는 목덜미에 나의 시선을 느낀다. 누구에게 인사를 하는 거지? 두 명의 부인. 마치 남작이라도 된 듯이, 인사를 한다. 파울이 그에게 결투를 신청해서 총으로 쏴 죽여야 해. 아니면 루디가. 대체 무슨 생각을 하는 거야? 뻔뻔한 녀석! 절대로, 결단코. 아빠, 다른 수가 없어요, 스스로 목숨을 끊으셔야 해요. - 두 사람은 분명 투어에서 오는 길인가보다. 둘 다 멋있다, 남자와 여자. 그들은 저녁 식사 전에 옷을 갈아입을 시간이 있을까? 분명 신혼여행 중이거나 아니면 전혀 결혼한 사이가 아니거나. 난 결코 신혼여행을 갈 수 없을 거야. 3만 굴덴. 아냐, 아냐. 안 돼! 이 세상에는 3만 굴덴이 없는 건가? 내가 피알라에게 간다. 내가 해결할 수 있어. 자비, 자비를, 피알라 박사님. 기꺼이요, 아가씨. 내 침실로 오세요. - 부탁을 들어줘, 파울. 네 아버지께 3만 굴덴을 요구해. 말해, 도박 빚이 있다고, 그렇지 않으면 총으로 쏴 죽어버릴 거라고. 기꺼이, 사랑하는 사촌. 내 방 번호는 어쩌구 저쩌구, 자정에 널 기다릴게. 아, 폰 도르스데이 씨, 당신은 얼마나 겸손한지. 이번에는. 이제 그가 옷을 갈아입는다. 턱시도. 그러니까 우리 결정합시다. 달빛 아래의 초원 아니면 방 번호 65호? 턱시도를 입은 채 숲으로 나와 동행할까?

저녁 식사까지는 아직 시간이 있다. 짧은 산책과 이 일을 조용히 생각해볼 시간. 난 외롭고 나이 든 남자예요, 하하. 멋진 공기, 샴페인 같은. 더 이상 서늘하지 않다 – 3만…

3만… 난 이제 드넓은 자연에서 아주 멋지게 내 몸을 드러내야 해. 딱하다, 이제 야외에 아무도 없어서. 저기 숲 가장자리에 있는 신사는 분명 날 마음에 들어 할 텐데. 오, 신사분, 난 벗은 몸이 더 아름다워요, 그리고 그건 완전 헐값이랍니다. 3만 굴덴이요. 아마도 당신은 친구들을 데리고 오겠죠. 그럼 더 싸져요. 바라 건데 당신에게는 멋진 친구들, 폰 도르스데이 씨보다 더 멋지고, 더 젊은 친구들이 있을 테죠? 폰 도르스데이 씨를 아나요? 그는 나쁜 놈 – 딸랑거리는 나쁜 놈이랍니다…….

자, 생각을 해야 해, 생각을…… 한 사람의 목숨이 달려 있어. 아빠의 삶이. 아니, 아니지, 아빠는 자살하지 않을 거야. 차라리 감옥에 갇히겠지. 3년 또는 5년의 혹독한 징역형. 이런 영원한 불안 속에서 아빠는 벌써 5년 아니 10년을 살고 있어 …… 피후견인의 돈이라. 그리고 엄마도 그렇고. 하기야 나도 그렇지. - 다음번에는 내가 누구 앞에서 옷을 벗어야만 할까? 아니면 간단하게 도르스데이 씨에게 머무를까? 그의 현재 애인은 '우리끼리 말이지만' 질이 좋은 사람이 아니야. 그에게는 내가 더 좋겠지. 내가 훨씬 더 나은지에 대해서는 아직 결론이 나오지 않았지만 말이야. 점잔빼지 말아요, 엘제 양. 난 당신에 대해 수많은 이야기를 할 수 있어요 …… 예를 들어 벌써 세 번이나 꾼 분명한 꿈 말이에요. - 그 꿈은 당신 친구, 베르타에게도 말한 적이 없죠. 그 친구는 그런 것쯤은 얼마든지 받아들일 텐데요. 그리고 올해 새벽 여섯 시 그문덴의 발코니에서는 어땠죠, 나의 얌전한 엘제 양? 당신은 혹 나룻배에 탄 두 명의 젊은이들이 당신을 응시하는 것을 전혀 눈치 채지 못했나요? 호수에서 그들은 당연히 내 얼굴은 정확하게 보지 못했겠지만, 아마 내가 네글리제 차림이었다는 건 알았을 거야. 그리고 난 기뻤어. 아, 기쁨 이상이었지. 난 마치 취해 있는 듯했어. 두 손으로 난 내 엉덩이를 쓰다듬고 마치 누군가가 내 앞에서 나를 보는 걸 모른다는 듯이 행동했지. 나룻배는 조금도 움직이지 않았어. 그래, 난 그런 사람이야, 그런 사람. 나쁜 여자. 그래. 모두들 그걸 느낀다. 파울도 느끼고 있어. 물론, 그는 부인과 의사지. 그리고 해군사관후보생도 그걸 느꼈고, 그 화가도 역시. 프레트, 그 멍청한 녀석만 그걸 알아채지 못해. 그래서 그는 날 사랑하는 거야. 하지만 난 프레트 앞에서는 옷을 벗고 싶지 않아, 절대로 결코. 난 거기서 전혀 기쁨을 느끼지 않을 거야. 난 내 자신이 수치스럽고 싶어. 그렇지만 로마인 두상을 한 그 사기꾼 앞에서라면 – 기꺼이. 그 남자 앞에서가 제일 좋겠어. 그리곤 곧 죽어야만 한다면. 그 뒤에 곧 죽을 필요는 없어. 이겨낼 수 있을 거야. 베르타는 더 많이 이겨냈어. 내가 오늘밤 폰 도르스데이씨 방에 몰래 가는 것처럼, 파울이 호텔 복도를 지나 씨시 방으로 숨어들면, 씨시도 분명 알몸으로 누워있겠지.

아니, 아니. 난 하지 않을 거야. 다른 모든 사람에게 – 그렇지만 도르스데이는 아니야. 날 위해, 파울한테. 아님 오늘 디너 때 한 명 찾아보지 뭐. 누구든 다 상관없어. 그렇다고 아무한테나 대신 3만 굴덴을 달라고 말할 수는 없잖아! 그러면 내가 케른트너 거리[38]의 여자처럼 되는 거지. 아냐, 난 나를 팔지 않아. 절대로. 절대로 나 자신을 팔지 않을 거야. 나 자신

---

38 당시 매춘부의 거리로 유명했던 빈 1구의 지역.

을 선물할 테야. 그래 언젠가 바로 그 사람을 찾는다면, 나 자신을 줄 테야. 나 자신을 팔지 않아. 나쁜 여자가 될 거야. 싸구려 매춘부는 되지 않아. 당신은 잘못 생각했어요, 폰 도르스데이 씨. 그리고 아빠도요. 그래, 아빠는 잘못 계산했어. 아빠는 그 전에 이걸 알았어야 했어. 아빠는 사람들이 어떤지 잘 알잖아. 그리고 폰 도르스데이 씨도. 아빠는 생각했어야 해, 폰 도르스데이 씨가 공짜로, 또 다시 공짜로는 절대. – 아니면 아빠가 전보를 치거나 직접 이곳으로 올 수도 있었는데. 그렇지만 이게 더 편하고 확실한 거죠, 안 그래요, 아빠? 이렇게 예쁜 딸이 있는데, 왜 교화소로 걸어 들어갈 필요가 있겠어요? 그리고 엄마는, 원래 멍청하니까, 그 자리에 앉아서 편지를 쓴 거지. 아빠는 그럴 수가 없었어. 내가 빨리 눈치를 챘어야 했는데. 그렇지만 그렇게는 안 될 거예요. 아뇨, 아빠, 아빠는 분명 나의 아이 같은 사랑을 두고 도박을 했겠죠. 그리고 경솔한 범죄 행위의 결과를 아빠가 직접 짊어지게 하느니, 차라리 내가 어떤 못된 짓도 참아 줄 거라고 확실하게 계산한 거죠. 아빠는 천재예요. 폰 도르스데이 씨도 그렇다고 했어요, 모든 사람들이 그렇게 말하죠. 하지만 그게 나한테 무슨 도움이 되지. 피알라는 아무것도 아니야, 그래도 그 사람은 피후견인의 돈을 횡령하지는 않아. 발트하임도 아빠와 한 묶음으로 말할 수 없어 …… 누가 그런 말을 했더라? 프로리엡 박사. 당신의 아버지는 천재예요. - 난 그가 말하는 것을 처음 들었어! - 작년에 법정에서 — 처음이자 마지막으로! 멋져. 눈물이 내 뺨을 타고 흘러내려. 그리고 그가 변호한 그 불쌍한 자식은 무죄 선고를 받았어. 아마 전혀 불쌍한 자식이 아니었을 수도 있어. 그 자식은 절도를 하긴 했지만, 피후견인의 돈을 횡령하지는 않았어. 그것도 바카라 도박을 하기 위해. 그리고 주식 투자를 하느라. 이제는 아빠가 배심원단 앞에 서야해. 모든 신문에서 그 기사를 읽게 될 거야. 공판 둘째 날, 셋째 날. 변호인은 반론을 위해 일어선다. 누가 아빠의 변호인이 될까? 천재는 아니야. 어떤 것도 아빠를 도울 수 없어. 만장일치로 유죄. 5년 형 선고. 힘든 노역, 죄수복, 빡빡 밀어버린 머리. 한 달에 한 번 면회가 허용된다. 난 엄마와 삼등칸에타고 그리로 가겠지. 우리는 돈이 없으니까. 아무도 우리에게 돈을 꾸어주지 않아. 레르헨펠트 가 골목의 작은 집. 10년 전에 바느질일을 하는 여자를 찾아갔을 때와 같은 집. 우리는아빠에게 먹을 것을 가져다준다. 어디서 돈이 나서? 우린 아무것도 없는데. 빅토르 삼촌은 우리에게 매달 생활비를 주셨지. 한 달에 3백 굴덴. 루디는 네덜란드의 반더홀스트 은행에있을 거야. 아직도 사람들이 루디를 생각해준다면. 죄수의 자식들! 테메[39]의 세 권짜리 소설. 아빠는 줄무늬 죄수복을 입고 우리를 맞는다. 아빠는 화 난 시선을 던지지는 않는다. 그냥 슬픈 시선이다. 하기야 화를 낼 수도 없을 테지. - 엘제, 네가 그때 돈을 마련하기만 했더라면, 하고 생각은 하겠지만, 아빠는 아무 말도 하지 않을 거다. 아빠는 내게 비난할 마음이 전혀 없을 거다. 아빠는 심성이 착한 분이야, 단지 경솔할 뿐. 아빠의 치명적인 약점은 도박이야. 아빠도 어떻게 할 수가 없어. 그건 일종의 정신병이니까. 아마도 아빠를 풀어줄 수도 있어, 아빠는 미친 거니까. 아빠는 그 편지도 미리 생각해보지 않았을 거야. 아마도 도르스데이가 이번 기회를 이용해서, 그런 파렴치한 짓을 내게 요구할 거라는 생각은 전혀 떠오르지 않았을 거야. 도르스데이는 우리 집안의 좋은 친구이고, 아빠에게 이미 한번 8천 굴덴을 빌려 주었어. 그런 사람이 이런 짓을 하리라고 누가 생각할 수 있겠어. 아빠는 분명 다른 모든 방법을 다 해봤을 거야. 엄마가 이 편지를 쓰기까지, 아빠는 무슨 일을 견뎌내야만 했을까? 이 사람에게서 저 사람으로, 바르스도르프에서 부린, 부린에서 베르트하임슈타인으로,[40] 그리고

---

3 9   테메 Danatus Hubertus Temme의 소설 《원죄의 아이들》 (1827).

4 0   빈의 은행.

또 누구에게 달려갔었는지 하느님만 아시겠지. 분명 카를 삼촌에게도 갔을 거야. 그리고 그들 모두가 아빠를 위험 속에 내버려두었겠지. 소위 친구라는 모든 사람들. 그리고 이제 도르스데이가 아빠의 희망이다, 마지막 희망. 만약 돈이 오지 않으면 아빠는 목숨을 끊겠지. 당연히 죽어버리겠지. 감옥에 가지는 않을 거야. 구속, 심문, 배심원 재판, 감옥, 죄수복. 안 돼, 안돼! 체포 명령이 떨어지면, 아빠는 총으로 자살을 하거나 목을 매겠지. 창살에 목을 맬 거야. 맞은편 집에서 사람이 건너와서, 열쇠장이가 문을 열어야만 하겠지. 그리고 그건 내 탓이되는 거야. 지금 아빠는 엄마랑 모레 목을 맬 방에 앉아 아바나 산 시가를 피고 있겠지. 아바나 산 시가는 맨날 어디서 생기는 거지? 나는 아빠가 엄마를 진정시키는 말을 듣고 있다. 생각해 봐요, 난 이번 겨울에 그 사람이 상당한 액수를 찾을 수 있도록 도움을 주었어요. 그리고 에르베스하이머 소송건도 있어요…… - 정말. - 난 아빠가 하는 말이 들린다. 텔레파시! 그리고 지금 이 순간 프레트도 본다. 그는 어떤 여자와 쿠어살롱 공원[41]을 지나간다. 그 여자는 하늘색 옷을 입고 가벼운 구두를 신고 약간 쉰 목소리다. 난 그걸 다 정확하게 안다.

---

41 빈의 공원.

내가 빈으로 가면 프레트에게 물어봐야지. 9월 3일 저녁 일곱 시 반과 여덟 시 사이에 애인과 공원에 있었는지.

어디로 가려고? 내게 무슨 일이 있는 거지? 거의 깜깜해 졌네. 정말 아름답고 조용하다. 근처에 사람이라곤 없다. 지금 모두들 디너 중이겠지. 텔레파시? 아니, 이건 아직 텔레파시는 아니야. 아까 징 소리를 들었지. 엘제는 어디 있지? 라고 파울은 생각하겠지. 내가 전채 요리가 나올 때 없으면, 모두의 눈에 띄겠지. 내 방으로 사람을 올려보낼 거야. 엘제에게 무슨 일이 있나요? 보통 때는 그렇게 시간을 잘 지키더니? 창가에 앉은 두 명의 신사들도 생각하겠지. 오늘 붉은빛 도는 금발의 아름다운 젊은 아가씨는 어디 있는 거야? 그리고 폰 도르스데이 씨는 겁을 먹겠지. 그는 분명 비겁하니까. 신성하세요, 폰 도르스데이 씨, 당신에게는 아무 일도 일어나지 않을 거예요. 난 당신을 정말 경멸하거든요. 내가 원한다면, 당신은 내일 저녁에는 이미 죽은 사람이에요. – 난 확신해, 파울이 그에게 결투를 신청할 거야, 내가 그에게 이 일을 이야기 하면. 내가 목숨은 살려줄게요, 폰 도르스데이 씨.

초원은 얼마나 드넓은지, 산은 참으로 거대하고 어둡다. 별이 거의 없다. 아니, 세 개, 네 개 – 더 많아진다. 내 뒤의 숲은 너무나 조용하다. 여기 숲 가장자리의 벤치에 앉아 있는 건 정말 좋다. 저 멀리, 저 멀리에 호텔이 있고, 마치 동화에서처럼 빛을 낸다. 그리고 그 안에는 나쁜 놈들이 앉아 있다. 아, 안돼, 사람들, 불쌍한 사람들, 그들 모두가 안됐어. 이탈리아 후작 부인도 안됐고, 이유는 모르지만, 비나베르 부인, 씨시의 어린 딸의 보모도 안됐어. 보모는 호텔 식탁에 앉지 못해, 벌써 프리치랑 밥을 먹었을 거야. 엘제가 무슨 일이 있어요, 씨시가 묻는다. 뭐라구요, 방에도 없어요? 모두들 나를 걱정한다. 분명. 나만 아무런 걱정이 없다. 그래, 나는 여기 마르티노 디 카스트로차, 숲 가장자리 벤치에 앉아 있어요. 그리고 공기는 샴페인 같아, 난 울고 있는 거 같아. 그래요, 그런데 내가 왜 울지? 울 이유가 없잖아. 신경성이야. 정신 차려야 해. 이렇게 날 놓아버릴 수 없어. 그렇지만 울음은 불쾌한 게 전혀 아니야. 울음은 항상 내 기분을 좋아지게 했어. 병원에 있던 프랑스 할머니를 방문했을 때도, 난 울었지. 그분은 결국 돌아가셨어. 그리고 할머니의 장례식에서도, 베르타가 뉘른베르크로 떠났을 때, 아가테의 아이가 죽었을 때, 극장에서 라트라비아타[42]를 봤을 때도. 내가 죽으면 누가 울어줄까? 오, 죽은 상태는 얼마나 좋을까. 난 살롱에서 관 안에 누워 있어. 촛불

---

4 2　주제페 베르디의 오페라.

은 불타고 있어. 긴 초들. 열두 개의 긴 초들. 아래에는 이미 운
구용 마차가 와 있어. 문 앞에는 사람들이 서 있다. 몇 살이라
고 했죠? 이제 열아홉이래요. 정말 열아홉밖에 안 되었대요?
– 생각해보세요, 그 애의 아빠는 교도소에 있어요. 왜 스스로
목숨을 끊었겠어요? 어떤 날라리에 대한 불행한 사랑 때문이
죠. 아니 당신들, 대체 무슨 생각을 하는 거죠? 애가 생겼다나
봐요. 아뇨, 시모네에서 추락했대요. 불행한 사고죠. 안녕하세
요, 도스르데이 씨, 어린 엘제에게 마지막 인사를 하지 않으시
겠어요? 어린 엘제, 라고 나이든 부인이 말했다. – 대체 왜? 물
론, 저는 마지막 인사를 해야지요. 제가 엘제에게 첫 치욕을
주었거든요. 오, 그건 정말 애를 쓸 가치가 있었답니다, 비나
베르트 부인, 난 그렇게 아름다운 몸을 본 적이 없어요. 3만 굴덴
밖에 들지 않았어요. 루벤스 그림도 세 배는 비싼데 말입니다.
그 애는 해시시 중독으로 죽었대요. 단지 멋진 환각을 가지려
했던 거죠. 그렇지만 너무 많이 먹어서 더 이상 깨어나지 않았
어요. 왜 저 사람은 도르스데이 씨의 붉은색 외눈 안경을 갖고
있지? 손수건을 누구한테 흔드는 거야? 엄마가 계단을 내려
와서 그의 손등에 입을 맞춘다. 우욱, 웩! 이제 그들은 서로 속
닥거린다. 내 이마의 제비꽃 화관은 파울이 해준 거다. 리본이
바닥에까지 내려와 있다. 아무도 방 안으로 들어오려 하지 않

는다. 난 차라리 서서 창밖을 바라본다. 드넓은 푸른 바다! 노란 돛대를 단 수백 척의 배들 -. 파도는 빛을 받아 반짝인다. 쏟아지는 햇볕. 보트 경주. 남자들은 모두 뱃사공의 몸매를 갖고 있다. 여자들은 수영복 차림이다. 이건 점잖지 못해. 그들은 상상한다, 내가 알몸이라고. 얼마나 멍청한 사람들인지. 난 검은색 상복을 입고 있잖아, 왜냐하면 죽었으니까. 내가 너희들에게 증명하겠어. 난 곧 다시 들것 위에 눕는다. 들것은 어디 갔지? 없어졌어. 그들이 가져가 버렸군. 사람들이 숨겼어. 그래서 아빠는 교도소에 있어. 그래서 그들은 아버지를 3년 집행유예로 풀어주었어. 배심원들은 모두 피알라에게 매수되었어. 난 이제 내 발로 묘지로 간다, 엄마는 장례식 비용도 아끼거든. 우리는 줄여야 해. 난 아무도 따라오지 못하게 재빨리 걸어간다. 내가 얼마나 빠른지 몰라. 모두들 길거리에 서서 놀란다. 이미 죽은 사람을 어떻게 저렇게 쳐다볼 수 있지! 그건 뻔뻔스러워. 난 차라리 들로 간다. 들판은 물망초와 제비꽃으로 완전 파랗다. 해군 장교들이 뒤에 늘어서 있다. 좋은 아침이에요, 신사분들. 문을 열어요, 투우사 씨. 저 모르시겠어요? 전 죽은 여자예요…… 제 손에 입을 맞추어야죠…… 내가 들어갈 구덩이는 어디 있는 거야? 그 구덩이도 빼돌렸나? 다행이다, 이건 묘지가 아니군. 이건 멍통의 공원이야. 아빠는 내

가 땅에 묻히지 않아 기뻐할 거야. 난 뱀이 무섭지 않아. 내 다
리만 물지 않는다면. 아 이런.

무슨 일이야? 내가 어디 있는 거지? 내가 잠을 잤나? 그래,
난 잠을 잔거야. 심지어 꿈을 꾸었나봐. 발이 차다. 내 오른발
이 차다. 대체 왜? 발목 부분에 스타킹이 조금 찢어져 있네. 난
대체 왜 들판에 앉아 있는 거지? 저녁 식사 시간을 알리는 종
소리가 한참 전에 울린 게 분명해. 디너.

아, 맙소사, 내가 어디에 있었던 거지? 이렇게 멀리 와 있었
네. 무슨 꿈을 꾼 거지? 난 내가 이미 죽었다고 생각했어. 그리
고 아무런 걱정도 없고 골머리를 앓을 필요도 없었어. 3만, 3
만… 난 아직 그 돈이 없어. 난 어떻게든 그 돈을 벌어야 해. 그
리고 난 혼자 숲 가장자리에 앉아 있다. 호텔 불빛이 여기까지
닿는다. 난 돌아가야 한다. 끔찍하다. 나 혼자 돌아가야 하다
니. 그렇지만 더 이상 시간을 보낼 수 없어. 폰 도르스데이 씨
가 내 결정을 기다리고 있다. 결정. 결정! 아니. 아뇨, 폰 도르
스데이 씨, 간단히 말해서, 안 됩니다. 당신은 농담을 하신 거
죠, 폰 도르스데이 씨, 당연히. 그래, 난 그에게 말할 거야. 아,
그거 훌륭해. 당신의 농담은 그다지 점잖지 않았지만, 폰 도르
스데이 씨, 그렇지만 저는 용서해드릴게요. 내일 아침 일찍 아
빠에게 전보를 칠거예요, 폰 도르스데이 씨, 그 돈은 피알라

박사의 손에 제때에 갈 거라고요. 멋져요. 난 그렇게 그에게 말할 거야. 그러면 그는 다른 방법이 없을 거야. 그 돈을 보내야 할 거야. 보내야 한다? 그런가? 왜 그래야 하지? 그리고 설사 그렇게 한다 하더라도 그는 어떻게든 복수하겠지. 돈이 늦게 도착하도록 한다든지. 아니면 돈을 보내고, 여기저기에 그가 날 가졌었다고 말을 퍼뜨리겠지. 그렇지만 그는 돈을 전혀 보내지 않을 거야. 아뇨, 엘제 양. 우리는 그런 내기는 하지 않았어요. 당신이 원하는 대로 아버지께 전보를 치세요, 난 그 돈을 보내지 않아요. 엘제 양, 내가 어린 여자애에게 기만당할 거라고 믿어선 안 됩니다. 나, 비콩트 폰 에페리에스[43]가 말입니다.

난 조심조심 걸어야 해. 길은 완전히 어둡다. 이상하다, 아까보다 마음이 편하다. 아무것도 변하지 않았고 나는 더 편안하다. 내가 무슨 꿈을 꾸었지? 주연 투우사 마타도르? 어떤 투우사였지? 생각했던 것보다 호텔이 멀다. 모두들 디너 중일거야. 난 조용히 식탁에 앉아서 말한다. 두통이 있어서 나중에 먹을게요. 폰 도르스데이 씨는 결국 직접 나에게로 와서 말한

---

43 에페리에스의 자작. 에페리에스는 당시 헝가리제국의 도시로 현재는 슬로바키아의 프레소프.

다. 그 모든 게 농담이었다고. 미안해요, 엘제 양. 형편없는 농담을 용서해줘요, 난 벌써 은행에 전보를 보냈어요. 그렇지만 그는 그 말을 하지 않을 거야. 전보도 보내지 않았어. 모든 게 그 전과 똑같다. 그는 기다린다. 폰 도르스데이 씨는 기다린다. 아냐, 난 그를 보지 않을 거야. 더 이상 볼 수가 없어. 아무도 더 이상 볼 수 없어. 더 이상 호텔로 가고 싶지 않아. 더 이상 집으로 가고 싶지 않아. 빈으로 가지 않을 거야. 어느 누구에게도, 아무에게도 가지 않을 거야. 아빠도 엄마도 루디, 프레트, 베르타, 이레네 이모에게도. 이모가 최선이기는 해. 하지만 이모와는 이제 아무런 상관이 없고 아무하고도 더 이상 상관이 없어. 내가 마술을 부릴 수 있다면, 이 세상에서 완전히 다른 곳에 가 있으련만. 지중해의 멋진 배 위, 그렇지만 혼자는 아냐. 예를 들어, 파울이랑. 그래, 그건 충분히 상상할 수 있어. 아니면 바닷가의 대저택에 살고, 우리는 바다로 이어지는 대리석 계단 위에 누워 있어. 그는 팔로 나를 단단히 감싸 안고 으스러지게 입을 맞춘다. 마치 알베르트가 2년 전에 피아노 앞에서 했던 것처럼. 뻔뻔한 녀석 같으니. 아냐. 난 혼자 바닷가 대리석 계단 위에 누워 기다린다. 그리고 마침내 한 사람 아니면 여러 명이 온다. 내게 선택권이 있고, 내게 거절당한 나머지 사람들은 절망에 빠져 바다로 뛰어든다. 아니면 그들은 다음날까지 참고 기다리거나. 아, 그런 삶은 얼마나 멋진 삶인가. 나의 멋진 어깨는 뭐 하러 있는 걸까, 내 아름답고 날씬한 다리는 뭘 위한 거지? 대체 난 이 세상에 왜 태어난 거지? 그리고 그건 그들 모두에게 잘된 거지, 그들 모두에게, 그들은 내가 몸을 팔도록 키운 거야. 이렇게 저렇게. 그들은 배우 연기에 대해서는 아무것도 알려고 하지 않았어. 그때 날 비웃었지. 작년에 내가 오십이 다 된 빌로미처 감독과 결혼했더라면 그들에게는 정말 좋았을 텐데. 그들은 단지 날 채근하지 않았을 뿐이야. 그때 아빠는 조금 불쾌해 했지만 엄마는 분명하게 신호를 보냈어.

호텔이 저기 거대하게 서 있다. 마치 무시무시하게 빛을 내는 마의 산과 같다. 모든 것이 이토록 거대하다. 산들도. 누구나 두려워할 수 있다. 이렇게 검었던 적은 없었다. 달이 아직 뜨지 않았다. 쇼를 할 때 즈음에나, 초원에서의 빅 쇼 때, 폰 도르스데이 씨가 자신의 여자 노예에게 알몸으로 춤을 추게 할 때쯤에나 뜨겠지. 폰 도르스데이 씨가 나와 무슨 상관이람? 자, 마드모아젤 엘제, 지금 무슨 이야기를 꾸며대는 거죠? 당신은 이미 낯선 남자들의 애인이 되어 이 남자에서 저 남자로 옮겨 다닐 준비가 되어있지 않나요? 그리고 폰 도르스데이 씨가 당신에게 요구하는 별거 아닌 일이 당신에게 걸리나요? 진주 장신구, 아름다운 옷, 바닷가의 대저택을 위해 당신은 자신을 팔 준비가 되었나요? 그리고 당신 아버지의 목숨은 당신에게 그 정도의 가치가 없나요? 이건 정말 좋은 시작이 될 겁니다. 그리고 다른 모든 것도 합리화시킬 수 있을 겁니다. 당신들이야, 난 말할 수 있어. 당신들이 날 이렇게 만들었어. 내가 이렇게 된 건, 당신들 모두의 잘못이야. 아빠뿐만 아니라 엄마도. 루디도 잘못이 있어, 그리고 프레트와 모두 다, 모두, 왜냐하면 모두가 나 하나 신경 써주지 않으니까. 얼굴이 예뻐 보이면 약간의 다정함을, 열이 나면 조금 돌봐주고, 그리고 학교에 보내고, 집에서는 피아노와 프랑스어를 배우고 여름에는 도시 밖으로 나가고 생일에는 선물을 받고 식탁에서 그들은 모든 걸 이야기한다. 그렇지만 내 안에서 무슨 일이 일어나고 있는지, 내 안에서 무엇이 들끓고 뭘 두려워하는지, 당신들은 신경 써준 적이 있었나? 때때로 아빠의 시선 속에서 어떤 예감이 있었지만, 아주 순간적인 것이었어. 그리고는 곧 사무실 일, 근심거리들과 주식투자 – '우리끼리 이야기지만, 그다지 점잖지 못하게' 비밀리에 여자도 – 그리고 난 다시 혼자였어. 자, 아빠 뭘 하시겠어요, 오늘 뭘 하시려구요, 제가 거기 없으면?

여기 난 서 있다, 그래 난 호텔 앞에 서 있다. – 끔찍하다,

안으로 들어가서 모든 사람들, 폰 도르스데이 씨, 이모, 씨시를 봐야만 하다니. 아까 숲 가장자리의 벤치에서는 정말 좋았는데, 난 이미 죽어 있었으니까. 주역 투우사 – 그게 뭐였더라 – 그건 레가타, 배 경주였어, 맞아, 난 그걸 창가에서 구경했어. 그렇지만 투우사는 누구였더라? – 내가 이렇게 피곤하지만 않으면, 이렇게 끔찍하게 피곤하지만 않다면. 거기에 자정까지 있다가 폰 도르스데이 씨의 방에 몰래 들어가야 하나? 아마 난 복도에서 씨시와 마주치겠지. 그 여자는 나이트가운 아래 뭔가를 입고 있을까, 그에게로 갈 때? 그런 일에 연습이 되어 있지 않으면, 힘들어. 내가 그 여자에게 조언을 구해야 할까, 씨시에게? 난 물론 말하지 않겠지, 도르스데이에 관한 일이라고, 그게 아니라 그 여자는 생각하겠지, 내가 여기 호텔에서 잘생긴 젊은 남자와 밤에 밀회를 한다고. 예를 들어, 눈에서 광채가 나는 긴 금발머리 남자와. 하지만 그 사람은 더 이상 여기 없는 걸. 갑자기 사라져버렸어. 난 지금 순간까지 그 남자를 생각해 본적이 없었는데. 유감스럽게도 눈이 빛나는 금발머리가 아니야, 파울도 아니고 그건 폰 도르스데이 씨야. 그러니까 난 어떻게 한다? 그에게 무슨 말을 하지? 그냥 네, 라고? 난 도르스데이 씨의 방에 갈 수는 없어. 그의 화장대 위에는 분명 우아한 향수병들이 잔뜩 있고, 방에서는 프랑스 향수 냄새가 나겠지. 아냐, 절대로 그 방에 가지 않을 거야. 차라리 바깥에서. 그곳에서는 그 사람은 내게 아무런 상관도 없어. 하늘이 이렇게 높고 초원은 이렇게 거대하다. 난 도르스데이 씨를 생각할 필요가 없어. 그를 쳐다볼 필요도 없어. 그리고 감히 그가 나를 만지려고 하면, 나는 맨발로 밟아 버릴 거야. 아, 다른 사람이기만 했더라도, 어떤 다른 남자. 모든 것, 내 모든 걸 오늘밤에 가질 수 있어요, 다른 모든 사람들, 도르스데이만은 안 돼. 그런데 하필 그 사람! 바로 그 사람! 그의 두 눈은 찌르고 파고 들어올 거야. 외눈 안경을 쓰고 거기 서서 찡그리고 있겠지. 안 돼, 찡그리면 안 돼. 그는 점잖은 얼굴을 꾸미겠지. 우아하게. 그는 그런 일에 익숙해 있어. 그는 몇 명이나 그렇게 보았을까? 수백, 수천? 그 안에 나 같은 사람도 있었을까? 아니, 분명 아닐 거야. 난 그에게 말할 거야. 나를 그렇게 본 것이 그가 첫 번째가 아니라고. 난 그에게 말할 거야, 애인이 있다고. 그렇지만 3만 굴덴이 피알라에게 송금된 다음에나. 그러면 난 그에게 말할 거야, 그가 바보라고, 같은 금액에 나를 가질 수도 있었다고. ― 난 이미 열 명의 애인, 스무 명, 백 명의 애인이 있었다고. ― 그렇지만 그 모든 말을 믿지 않겠지. ― 그리고 내 말을 믿는다 해도, 내게 무슨 도움이 되지? ― 내가 그의 즐거움을 망칠 수만 있다면. 그

자리에 다른 사람이 같이 있다면? 왜 안 돼? 그는 나와 단 둘이 있어야 한다고 말하지 않았잖아. 아. 폰 도르스데이 씨. 난 당신이 정말 두려워요. 제게 친절을 베푸셔서 잘 아는 사람을 데려오는 걸 허락해주시겠어요? 오, 그건 결코 약속에 어긋나지 않아요, 폰 도르스데이 씨. 제 마음대로 해도 된다면, 전 호텔 손님 모두를 초대하고 싶어요. 그럼에도 당신은 3만 굴덴을 보낼 의무가 있어요. 그렇지만 전 사촌 파울을 데리고 오는 걸로 만족할게요. 아니면 혹시 다른 사람을 더 선호하시나요? 긴 금발머리 남자는 안타깝게도 이젠 없고, 로마인 두상을 한 사기꾼도 없답니다. 하지만 전 다른 사람을 찾을 수도 있어요. 스캔들이 두려운가요? 그게 중요한 게 아니잖아요. 난 비밀을 지켜주는 것에 신경 쓰지 않아요. 저처럼 멀리 와 버리면, 모든 게 될 대로 되라, 이거든요. 오늘은 시작일 뿐이죠. 아니면, 당신은 이 모험을 하고도 내가 다시 양가집의 얌전한 아가씨로 다시 돌아갈 거라 생각하나요? 아뇨, 좋은 집안도, 얌전한 아가씨도 아니에요. 그건 끝난 거죠. 난 이제 내 두발로 설 거예요. 내 다리는 아름다워요, 폰 도르스데이 씨. 당신과 또 축제의 다른 참가자들은 곧 그걸 볼 기회를 갖게 될 겁니다. 그러니까 그 일은 잘되고 있어요, 폰 도르스데이 씨. 열 시, 모두들 홀에 있을 때, 우리는 달빛 속에서 초원 위를 지나 숲을 통과해서 당신이 발견한 그 유명한 조명 쪽으로 걸어가는 겁니다. 은행으로 보내는 전보도 만약을 위해 가져오세요. 당신 같은 악당에게 그런 안전장치 정도는 요구해도 되겠죠. 그리고 자정 즈음에는 다시 집으로 가실 수 있어요. 난 사촌이나 다른 어느 누구와 달빛 속의 초원에 남아 있을 겁니다. 아무런 반대도 없으시죠, 폰 도르스데이 씨? 당신은 절대 반대할 수 없어요. 그리고 아침 일찍 내가 죽어 있다면, 당신은 그다지 놀라지 않아도 됩니다. 파울이 전보를 보낼 거니까요. 이미 다 생각해 두었어요. 그렇지만 제발 상상하지 마, 불쌍한 자식, 당신이 나를 죽음으로 몰아넣었다고. 난 이미 오래전부터 알고 있었어, 내가 그렇게 끝나리라는 것을. 내 친구 프레트에게 물어봐요, 내가 그런 말을 자주 하지 않았느냐고. 프레트, 그러니까 프리드리히 벤크하임 씨는 내가 살면서 알게 된 사람 중 유일하게 점잖은 사람이야. 내가 사랑했을 유일한 사람, 그렇게 점잖지만 않았다면. 그래, 난 타락한 애야. 난 시민적인 삶에 맞지 않고, 재주도 없어. 우리 집안에는 어차피 그게 최선이겠지. 우리 집안은 죽어 없어질 테니까. 루디에게도 불행이 일어날 거야. 루디도 네덜란드 어느 샹송 가수에 빠져 빚더미에 앉고 반더홀스트의 돈을 횡령하겠지. 그건 이미 우리 가족의 내력이야. 아빠의 막내 남동생은 열다섯 살 때 총으로 목숨을 끊었어. 아무도 그가 왜 그랬는지 모른다. 나도 그분을 모른다. 그분 사진을 보여 달라고 해요, 폰 도르스데이 씨. 그 사진은 우리 앨범에 있어요. ……내가 그분을 닮았다고 하네요. 아무도 몰라요, 왜 그분이 스스로 목숨을 끊었는지. 그리고 나에 대해서도 아무도 모르겠죠. 당신 때문은 절대로 아니에요, 폰 도르스데이 씨. 그런 영광을 당신에게 줄 수는 없죠. 내가 열아홉에 하건, 스물 하나에 하건, 그건 하나도 상관없어요. 아니면 내가 보모가 되거나 전화 교환수가 되어야 할까, 아니면 빌로미처 씨와 결혼하거나 아니면 당신한테 생활비를 받을까? 이 모든 게 다 똑같이 역겨워, 난 절대로 당신과 함께 초원으로 가지 않아. 아뇨, 그건 너무 힘겹고, 너무 멍청하고, 너무 역겨워. 내가 죽으면, 당신은 선의를 베풀어서 몇 천 굴덴을 아빠에게 보내겠지. 왜냐하면 나의 시신이 빈으로 돌아오는 그날 바로 아빠가 체포된다면 그건 너무나 슬픈 일이니까. 그렇지만 난 유언이 담긴 편지 한 통을 남길 거예요. 폰 도르스데이 씨는 나의 시신을 볼 권리를 갖는다. 죽은 소녀의 아름다운 벗은 몸을. 그러니까 내가 당신을 속였다고 당신은 불평할 수 없어요, 폰 도르스데이 씨. 당신은 돈을 내고 뭔가를 얻었으니까. 내가 살아 있어야 하는 것, 그건 우리 계약에는 없는 거야. 아, 안 돼. 그건 어디에도 쓰여 있지 않아. 그러니까 내 시신을 볼 권리를 예술 거래상 도르스데이에게 주노라. 그리고 프레트 벤크하임 씨에게는 열일곱에 쓴 나의 일기장을 남긴다. 나는 더 이상 일기를 쓰지 않았다. 그리고 씨시의 보모에게는 내가 몇 년 전 스위스에서 가져온 20프랑 지폐 5장을 남긴다. 이 지폐들은 서랍 안, 편지 옆에 있다. 그리고 베르타에게는 블랙 이브닝드레스를. 아가테에게는 내 책들을. 그날 정말 감동받았어. 그리고 내 사촌 파울에게는 내 창백한 입술에 키스를 허락한다. 그리고 씨시에게는 나의 라켓을 남긴다. 난 고상하니까. 그리고 날 이곳 산 마르티노 디 카스트로차의 아름답고 작은 묘지에 바로 묻어 달라. 난 더 이상 집으로 돌아가지 않는다. 죽더라도 더 이상 돌아가지 않을 것이다. 그리고 아빠와 엄마가 마음 아파해서는 안 된다. 내 상황이 그들보다 나으니까. 난 안된 것이 아니에요. - 하하, 얼마나 웃기는 유언장인가. 내가 내일, 다른 사람들이 디너 중일 때, 그 시간에 벌써 죽어 있다는 걸 생각하다니? - 엠마 이모는 물론 디너를 위해 내려오지 않을 테고, 파울도 그럴 것이다. 그들은 룸으로 서빙을 받겠지. 씨시가 어떻게 행동할지 정말 궁금하다. 안타깝게도 그걸 알 수가 없겠네. 아니면 무덤 속으로 들어가기 전에 사람들이 모든 걸 알게 될까? 그리고 마지막에는 난 가사 상태일 수도 있어. 그리고 폰 도르스데이 씨가 내 시신에 다가오면, 난 깨어나서 두 눈을 부릅뜨고, 그때 그는 놀라서 외눈 안경을 떨어뜨린다.

그렇지만 이 모든 건 다 사실이 아니야. 난 가사 상태도 아니고 완전히 죽은 것도 아니야. 난 절대 스스로 목숨을 끊지 않을 거야. 난 너무나 비겁하거든. 비록 내가 용감하게 산을 타지만, 난 비겁해. 게다가 베로날도 충분히 없을 걸. 가루가 얼마나 필요하지? 여섯 개일 거야. 열 개면 확실하겠지. 그래, 아직 열 개는 있는 거 같아. 그거면 충분할 거야.

대체 지금 몇 번이나 호텔 주변을 돌고 있는 거지? 그럼 이제 뭘 하지? 난 문 앞에 서 있다. 홀에는 아직 아무도 없다. 당연하지 – 그들은 모두 디너 중이니까. 홀에 사람들이 하나도 없으니 이상하게 보인다. 안락의자에는 모자, 관광객의 모자가 놓여있다, 최신 유행이야. 멋진 샤무아[44] 털의 모자 장식. 저기 안락의자에는 나이든 노신사가 앉아 있다. 아마 식욕이 없나보다. 신문을 읽고 있다. 저분은 별 일이 없군. 걱정도 없고. 저분은 조용히 신문을 읽고 있는데, 나는 아빠에게 어떻게 3만 굴덴을 만들어줄 수 있을지 머리를 싸매야 해. 아니지. 난 어떻게 해야 할지 알고 있잖아. 그건 정말 심하게 간단해. 난

---

44 알프스 산양.

뭘 원하는 거지? 대체 뭘 원하는 거야? 저 홀에서 난 뭘 할까?
곧 모두들 디너를 마치고 올 텐데. 내가 뭘 해야 하지? 폰 도르
스데이 씨는 분명 바늘 방석일거야. 그 애는 어디 있는 거야,
라고 생각하겠지. 결국 죽어버렸나? 아니면 날 죽이라고 다른
누군가를 끌어들이나? 아니면 내게 가라고 사촌 파울을 떠밀
고 있나? 걱정 마세요, 폰 도르스데이 씨, 난 그렇게 위험한 사
람은 아니랍니다. 나쁜 계집애일 뿐이죠. 당신이 견뎌낸 두려
움도 그 값을 받으셔야죠. 열두 시, 룸 65호. 야외는 너무 추울
거 같아요. 그리고 폰 도르스데이 씨, 당신 방에서 나와서 난
곧장 내 사촌 파울에게 갈 거예요. 반대 안하죠, 폰 도르스데
이 씨?

　"엘제! 엘제!"

　어? 뭐지? 이건 파울의 목소리다. 디너가 벌써 끝났나? -
"엘제!" - "아, 파울, 무슨 일이야, 파울?" - 난 아주 아무 일도
없다는 듯 순진하게 행동한다. - "아니, 어디 박혀있었던 거야,
엘제?" - "어디에 있었겠어? 산책을 갔었어." - "지금, 디너 중
인데?" - "아니, 그럼 언제 해, 지금이 산책하기에 좋은 시간이
잖아." 난 말도 안 되는 소리를 한다. - "어머니는 온갖 상상을
다 하셨어. 난 네 방문에서 노크를 했었어." - "못 들었는데." - "아
니, 농담이 아니야, 엘제, 어떻게 우리를 그렇게 불안하게 할 수 있

어! 최소한 어머니한테 디너에 올 수 없다고 이해를 구할 수는 있었 잖아.”-“네 말이 맞아, 파울. 그렇지만 내가 두통이 얼마나 심 했는지 네가 조금이라도 짐작을 할 수만 있다면.” 아주 녹아 내릴 듯이 난 말을 한다. 아, 난 나쁜 계집애야. -“지금은 좀 나 아졌어?”-“꼭 그렇다고는 할 수 없어.”-“내가 먼저 어머니에 게”-“잠깐만 파울, 아직 하지 마. 내가 이모께 죄송하다고 할 게. 몇 분 동안만 내 방으로 가서 조금 준비를 할 거야. 그리 고 금방 내려와서 간단하게 식사를 주문할게.”-“넌 너무 창백 해, 엘제? - 내가 어머니께 올라가보라고 할까?”-“그렇게 나 때 문에 호들갑 떨 필요 없어, 파울. 날 그렇게 보지도 말고. 두통 이 있는 여자를 본 적이 한 번도 없어? 난 분명 다시 내려 올 거야. 늦어도 십 분이면 돼. 그럼 갈게, 파울.”-“알았어, 나중에 봐, 엘제.” - 그가 가서 다행이다. 바보 같은 녀석, 그렇지만 사 랑스러워. 도어 맨이 왜 날 부르는 거지? 뭐, 전보? “고마워요, 전보가 언제 왔죠?”-“15분 전입니다, 아가씨.” - 왜 날 저렇게 보지, 마치 - 안타깝다는 듯이. 제발, 무슨 내용이 있는 거야? 위층으로 올라가서 열어볼 거야, 아니면 난 아마 기절해 버 릴 거야. 결국은 아빠가 - 만약 아빠가 죽었다면 모든 게 제 자리일 텐데, 그럼 나는 폰 도르스데이 씨와 초원으로 가지 않 아도…… 오, 나는 불쌍한 인간이야. 사랑하는 하느님, 전보에 나쁜 소식이 없도록 해 주세요. 사랑하는 하느님, 아빠가 살아 있게 해주세요. 저 때문에 체포되더라도, 죽는 건 안 돼요. 나쁜 소식만 들어 있지 않다면, 전 희생을 할게요. 하녀가 되고, 사무실에 일자리를 얻을게요. 죽지 말아요, 아빠. 난 준비가 되었어요. 아빠가 원하는 거 뭐든 다 할게요…….

다행이다, 위로 올라와서. 불이 켜진다. 불이 켜진다. 서늘해졌다. 창문이 너무 오랫동안 열려있었다. 용기를 내, 용기를. 하, 아마 그 일이 해결되었다는 내용일 수도 있어. 베른하르트 삼촌이 그 돈을 주어서, 가족들이 내게 전보를 보낸 거야. 도르스데이에게 말하지 말 것. 곧 알게 되겠지. 그런데 방안 천정을 쳐다보는 동안에는 당연히 전보에 무슨 내용이 있는지 읽을 수 없잖아. 트랄라, 트랄라, 용기를 내. 그래야만 해. '재차 간곡한 부탁. 도스르데이와 말할 것. 액수는 3만이 아니라 5만. 아니면 모든 게 소용없음. 수취인은 피알라.' – 5만이라고. 모든 게 소용없다고. 트랄라, 트랄라. 5만. 수취인은 피알라. 물론이죠, 5만이든 3만이든, 그게 문제가 아니지. 폰 도르스데이 씨에게도 문제가 아니야. 베로날은 속옷 아래에 있어, 만약의 경우를 위해서. 왜 난 그때 곧장 5만이라고 얘기하지 않았을까. 그 생각을 안 한 것도 아닌데. 아니면 모든 게 소용이 없다. 그러니까 아래층으로, 얼른, 침대에 그렇게 앉아

있지만 말고. 사소한 착각이 있었어요, 폰 도르스데이 씨. 용
서해 주세요. 3만이 아니라 5만이에요, 아니면 모든 게 소용이
없어요. 수취인은 피알라 씨예요. ―'당신은 나를 바보 취급
하는군요, 엘제 양?' 절대로 아니에요, 자작님, 제가 어떻게 그
럴 수 있겠어요? 5만이라면 분명 거기에 맞게 더 많은 걸 요구
해야겠군, 아가씨. 아니면 모든 게 소용없어요, 수취인은 피알
라. 원하시는 대로요, 폰 도르스데이 씨. 제발, 명령만 내려주
세요. 그렇지만 먼저 당신의 은행으로 전보를 보내세요, 그렇
죠, 그렇지 않으면 제겐 아무런 안전장치가 없잖아요. ―

　그래, 그렇게 하는 거야. 그의 방으로 가서 먼저, 내 눈 앞
에서 그 사람이 전보를 쓰면, 옷을 벗는 거야. 전보는 내가 손
에 쥐고 있는 거지. 하, 정말 더러워. 내 옷은 어디에 걸어두어
야 하나? 아니, 아냐, 난 여기서 옷을 다 벗고 내 몸을 다 감쌀
수 있는 큰 검정 외투를 입는 거야. 그게 제일 편하겠어. 둘 다
를 위해. 수취인은 피알라. 이빨이 부딪치며 딱딱 소리를 낸
다. 창문은 여전히 열려 있다. 창문이 닫힌다. 야외에서? 그러
다 죽을 수도 있겠어. 나쁜 자식! 5만. 그는 안 된다고는 할 수
없을 거야. 방 번호 65. 그렇지만 그 전에 난 파울 더러 방에서
기다리라고 말할 거야. 도르스데이 방에서 나와서 곧장 파울
한테 가서 모든 걸 말할 거야. 그러면 파울은 그 남자의 따귀

를 때리겠지. 그래, 오늘밤이야. 아주 다양한 프로그램이군. 그리고 베로날 순서야. 아니, 왜? 왜 죽어? 흔적 없이. 재밌다, 재밌어, 이제야 인생이 시작되는 중인데. 기뻐들 하세요. 당신들의 어린 딸을 자랑스러워하세요. 난 아직 세상 사람들이 한 번도 본적이 없는 나쁜 계집애가 될 겁니다. 아빠, 아빠는 당신의 5만 굴덴을 가져야죠. 하지만 다음번에 제가 버는 건, 그걸로 시스루에 레이스가 달린 새 나이트가운과 값비싼 실크 스타킹을 살 거예요. 어차피 인생은 한 번이잖아요. 나처럼 예쁘게 생길 이유가 뭐겠어요? 등이 켜진다 – 거울 위의 등을 내가 켠다. 나의 붉은빛 도는 금발은 얼마나 아름다운가. 나의 어깨, 나의 두 눈도 나쁘지 않다. 후, 두 눈은 크기도 하지. – 그런데 난 내려가야 해. 깊이 저 아래로. 도르스데이 씨가 기다린다. 그리고 그 새 5만 굴덴이 되어버린 걸 전혀 모르고 있다. 그래요, 내 값이 올랐어요, 폰 도르스데이 씨. 난 그에게 전보를 보여주어야 해, 그렇지 않으면 결국 날 믿지 않을 테고 내가 이 일로 거래를 하려든다고 생각하겠지. 난 전보를 그의 방으로 보내고, 몇 마디 덧붙여야겠어. 정말 유감스럽게도 이제 5만이 되었어요, 폰 도르스데이 씨, 당신은 아무런 상관이 없겠지만요. 그리고 난 확신이 들었어요, 당신의 요구는 결코 심각하게 한 말이 아니라는 걸. 왜냐하면 당신은 자작님이고 젠

틀맨이니까. 내일 아침 일찍 당신은 제 아빠의 목숨이 달린 5
만을 아무런 조건 없이 피알라에게 보내겠죠. 전 그럴 거라 생
각해요. - '당연하죠, 나의 아가씨. 난 어떤 경우에라도 곧 10
만을, 아무런 대가 없이, 게다가 오늘부터 당신의 가족 전부의
생계를 책임지고, 당신 아버님의 주식 빚을 갚고 횡령한 피후
견인의 돈도 모두 변상할 채무를 지겠습니다.' 수취인은 피알
라. 하하하! 그래, 그래야 바로 비콩트 에페리에스, 자작님이
지. 이건 모두 말도 안 돼. 나한테 남는 게 대체 뭐지? 그렇게
되어야 하고, 난 그걸 해야만 해, 모든 걸, 폰 도르스데이 씨가
요구하는 모든 것을, 그래야 아빠가 내일 그 돈을 가지니까 -
그래야 아빠가 구속되지 않고, 스스로 목숨을 끊지 않지. 그리
고 난 그걸 할 거야. 그래, 난 그걸 할 거야, 비록 모든 게 헛수
고이겠지만. 반년 후에 우리는 다시 오늘과 똑같은 상황에 있
겠지! 한 달 안에! - 하지만 그건 이젠 나와는 더 이상 상관이
없어. 난 희생을 하니까 - 그리고 더 이상은 안 돼. 절대로, 절
대로, 다시는. 그래, 난 빈에 도착하는 대로 그걸 아빠에게 말
할 거야. 그리고 집을 나와서, 어디로든 떠난다. 난 프레트와
의논할 것이다. 그는 나를 정말 좋아하는 유일한 사람이니까.
그렇지만 난 아직 거기까지 준비가 되어 있지 않다. 내가 빈에
있는 것도 아니고 아직 마르티노 디 카스트로차에 있다. 아직

아무런 일도 일어나지 않았다. 그러니까. 어떻게, 어떻게, 무엇을? 저기 전보가 있다. 전보를 어떻게 한다? 난 이미 그걸 알고 있었어. 난 그걸 그의 방으로 보내야 해. 그 외에는? 그에게 몇 자 적어야 해. 자, 그럼, 무슨 말을 쓰지? 12시에 저를 기다리세요. 아니, 아냐, 아냐! 그런 승리를 그가 가져서는 안 돼! 난 하지 않을 거야, 싫어, 싫어. 다행이다, 내게 그 가루약이 있어서. 그게 유일한 구원이야. 어디에 있지? 맙소사, 누가 훔쳐간 건 아니지. 아, 아니야, 저기 있구나. 저기 상자 안에. 아직다 있나? 그래, 여기 있구나. 하나, 둘, 셋, 넷, 다섯, 여섯. 난 그냥 보려는 거야, 사랑스러운 가루약. 꼭 어떻게 해야 하는 건아니니까. 내가 가루약을 유리잔에 넣어도, 꼭 어떻게 해야 하는 건 아니야. 하나, 둘, - 물론 내가 목숨을 끊으려고 하는 건아니야. 그런 생각은 전혀 들지 않아. 셋, 넷, 다섯 - 이걸로누가 죽는다는 건 터무니없지. 내가 베로날을 가져오지 않았더라면, 끔찍할 뻔했어. 난 창밖으로 몸을 던져야만 했을 거야. 그럴 용기는 없거든. 그렇지만 베로날은 - 천천히 잠이들고, 더 이상 깨어나지 않는 거야. 고통도 통증도 없이. 침대에 누워서, 한숨에 들이켜고, 꿈을 꾸고, 그리곤 모든 게 지나가는 거야. 그제는 가루 한 봉을, 최근에는 두 봉을 먹었어. 쉿, 아무에게도 말하지 않기. 오늘은 그냥 양이 조금 더 많아진 거야. 그냥 만약의 경우를 위한 것일 뿐이야. 만약 내게 너무 소름 돋는다면. 그렇지만 왜 내가 소름끼쳐야 하지? 그가 내 몸을 만지면, 난 그의 얼굴에 침을 뱉는다. 아주 간단해.

그런데 편지를 어떻게 그 자에게 보내지? 룸 메이드 편으로 폰 도르스데이 씨에게 편지를 보낼 수는 없어. 가장 좋은건. 내가 아래로 내려가서 그와 얘기를 하고 전보를 보여주는 거야. 어쨌든 아래층으로 내려가긴 해야 하니까. 여기 위층 방에만 있을 수는 없잖아. 난 견뎌낼 수 없어, 세 시간을, ― 그 순간이 될 때까지. 이모 때문에도 내려가야 해. 하, 이모가 나랑 무슨 상관이람. 사람들은 나와 무슨 상관인가. 보세요, 남자분들, 여기 베로날이 든 잔이 있어요. 자, 이제 그걸 손에 잡아요. 자, 그걸 입술로 가져갑니다. 자, 언제든 난 저 세상으로 갈 수 있어요, 이모들도 도르스데이도, 피후견인 돈을 횡령한 아버지도 없는 그곳……

그렇지만 난 죽지 않을 거야. 그건 필요하지 않아. 난 폰 도르스데이 씨의 방으로 가지도 않을 거야. 그 생각은 전혀 하지 않아. 놈팽이 하나를 감옥행에서 구하자고 5만 굴덴에 늙은 플레이보이 앞에서 발가벗고 서 있을 수는 없어. 아니, 아냐, 이거나 저거나. 폰 도르스데이 씨는 어떻게 그런 상황이 된 거지? 하필 그자가? 누군가 나를 보아야 한다면, 다른 사람들도 날 봐야지. 온 세상이 날 봐야 해. 그리고는 베로날 차례야. 아니, 베로날이 아니지. ─ 대체 왜? 그리고는 대리석 계단이 있는 대저택, 아름다운 젊은이들과 자유, 드넓은 세상! 좋은 저녁이에요, 엘제 양. 당신이 무척 마음에 들어요. 하하. 아래층의 사람들은 그렇게 생각하겠지. 내가 미쳤다고. 내가 이렇게 분별력이 있었던 적은 없어요. 내 생애 처음으로 진짜로 이성적이에요. 모두들, 모두가 나를 보아야 해! ─ 그리고 나서 더 이상 돌아갈 길은 없어, 엄마와 아빠가 있는 집으로, 삼촌과 이모에게로. 난 더는 사람들이 빌로미처라는 어떤 감독과 엮어주려 했던 엘제 양이 아니야. 난 모두를 바보로 만들어. 특히 나쁜 자식 도르스데이. 그리고 두 번째로 세상에 태어나는 거야…… 그렇지 않으면 모든 게 헛수고야 ─ 수취인은 피알라. 하하!

더 이상 시간 낭비할 수 없다. 다시 비겁해질 수 없어. 옷을 벗어. 누가 첫 번째죠? 너야, 사촌 파울? 로마인 두상이 없어서 넌 행운이야. 네가 오늘밤 이 아름다운 가슴에 입을 맞출래? 아, 난 정말 아름답다. 베르타는 검정 실크가운이 있다. 세련되었어. 난 더 세련될 거야. 멋진 인생. 스타킹도 벗어던져, 그건 점잖지 않아. 누드, 완전히 누드. 씨시가 나를 얼마나 시샘할까! 그리고 다른 사람들도. 그들은 감히 그러지 못하지.

모두들 정말로 그렇게 하고 싶은데 말이지. 난 도르스데이를 죽도록 비웃어 줄 거야. 나 여기 있어, 폰 도르스데이 씨. 얼른 우체국으로 가. 5만. 그 정도 가치는 있지 않아?

아름다워라, 난 아름다워! 날 봐, 밤! 산들도 나를 보렴. 하늘도 나를 본다. 내가 얼마나 아름다운지. 그렇지만 너희들은 눈이 없지. 너희들에게서 뭘 얻겠어. 저 아래 층에 있는 사람들은 눈이 있어. 머리를 풀어야 할까? 아니. 그러면 미친 여자처럼 보일거야. 내가 미쳤다고 생각하면 안 돼. 단지 내가 부끄러움이 없다고 생각해. 나쁜 년으로. 전보는 어디에 있지? 저기 있구나, 베로날 옆에 가만히. '재차 간곡한 부탁 – 5만 – 아니면 모든 게 소용없음. 수취인은 피알라.' 그래. 그 전보야. 이건 종이 한 장, 그 위에 몇 개의 단어가 있다. 빈에서 4시 30분 접수. 아니, 난 꿈을 꾸는 게 아냐, 이건 모두 진짜야. 그리고 집에서 그들은 5만 굴덴을 기다리고 있다. 그리고 폰 도르스데이 씨도 기다리지. 그냥 기다리라지. 우리는 시간이 있잖아요. 아, 발가벗고 방에서 왔다 갔다 하는 건 정말 좋아. 거울에서 보는 것처럼 내가 정말 아름다운가? 아, 가까이 오세요, 아름다운 아가씨. 난 당신의 붉은 입술에 키스하렵니다. 당신의 가슴에 나의 가슴을 갖다 대렵니다. 아, 안타깝네요, 유리가 우리 둘 사이를 가로막고 있다니, 차가운 유리. 우

리는 서로 얼마나 잘 어울릴까요. 그렇지 않나요? 우린 다른
어느 누구도 필요하지 않았죠. 다른 사람들은 아마 아무도 없
을 겁니다. 전보도 있고, 호텔, 산, 역, 숲들이 있지만 사람들은
없어요. 우리는 사람들 꿈을 꾸었을 뿐이죠. 피알라 박사만 주
소와 함께 존재해요. 그건 항상 그대로 있어요. 오, 난 절대 미
친 게 아냐. 난 단지 조금 흥분했을 뿐. 이건 정말 당연한 일이
지, 두 번째로 세상에 태어나기 전인데. 왜냐하면 이전의 엘제
는 이미 죽었어요. 그래, 난 분명 죽었어. 그러면 베로날도 필
요 없어. 이걸 쏟아 버려야 하지 않을까? 룸 메이드가 그걸 실
수로 마셔버릴 수도 있어. 난 쪽지를 놓아둘 거야. 거기에 이
렇게 쓰는 거야. 독극물. 아니, 차라리, 약물. 그래서 룸 메이드
에게 아무 일도 일어나지 않게. 난 이렇게 고상하다니까. 자.
약물. 두 번 밑줄을 긋고 세 개의 느낌표. 이제 아무 일도 일어
나지 않을 거야. 다시 내가 올라오면, 죽을 마음이 없고 단지
잠이 들고 싶다면, 이 잔을 다 마시지 않고, 4분의 1이나 더 적
게 마시는 거야. 아주 간단해. 모든 게 내 손 안에 있어. 가장
간단한 것은, 내가 아래로 달려 내려가는 거야 – 복도와 계단
을 지나온 대로. 아휴 안 돼, 내가 아래에 도착하기도 전에 누
군가에게 붙들릴 수 있어 – 폰 도르스데이 씨가 거기에 있다
는 게 확실해야 해! 그렇지 않으면 그는 당연히 돈을 부치지

않을 거야. 더러운 놈! - 그렇지만 아직 난 그에게 편지를 써야 해. 그게 가장 중요한 일이야. 오, 의자 손잡이가 차구나, 그렇지만 기분 좋아. 이탈리아 호숫가에 대저택을 갖게 된다면, 난 내 소유의 공원에서 발가벗은 채 산책을 할 거야…… 만년필은 프레트에게 남긴다, 내가 죽는다면. 그러나 우선은 죽는 것 말고 좀 더 현명한 일을 해야 해. "존경하는 폰 도르스데이 씨" - 자, 현명하게, 엘제, 서두는 생략하고, "존경하는"도 "경멸하는"도 안 돼. "당신이 내 건 조건은, 폰 도르스데이 씨, 실현되었어요." --- "이 글을 읽는 바로 그 순간, 폰 도르스데이 씨, 당신의 조건은 실현되었습니다. 비록 전적으로 당신이 생각한 방식은 아니더라도." - "아이구, 이 아이는 정말 글을 잘 써요."라고 아빠는 말하겠지. - "그러니 나는 당신 쪽에서는 직접 한 말을 지키고 전보로 5만 굴덴을 갖고 계신 주소로 지체하지 않고 보내도록 할 거라 생각합니다, 엘제." 아니, 엘제 말고. 서명도 하지 말자. 나의 예쁜 노란색 편지지! 크리스마스 때 받은 거야. 그래서 아깝다. 자 - 그리고 지금 전보와 편지를 봉투에 넣어 - "폰 도르스데이 씨에게, 룸 65호. 방 번호는 왜? 난 지나가면서 이 편지를 그냥 그 문 앞에 놀 건데. 그렇지만 꼭 그래야 하는 건 아니야. 난 아무것도 할 필요 없어. 하고 싶은 건, 지금 침대에 몸을 누이고 잠을 자고 더 이상 아무것에도 신경 쓰지 않는 거야. 폰 도르스데이 씨도 아빠도. 줄무늬 죄수복도 꽤나 우아하잖아. 그리고 이미 많은 사람들이 스스로 총으로 목숨을 끊었어. 그리고 죽는 건 우리 모두 다 마찬가지잖아.

아빠, 우선은 그 모든 것들이 필요하지 않아요. 아빠에게는 멋지게 자라난 딸이 있고, 그리고 수취인은 피알라죠. 내가 모임을 주최할게요. 접시를 들고 돌아다닐게요. 왜 폰 도르스데이 씨만 돈을 내야 하나요? 그건 부당하잖아요. 모두가 형편껏 내는 겁니다. 파울은 접시에 얼마나 놓을까? 그리고 금색 코안경의 그 신사는 또 얼마나? 그렇다고 그 재미가 오래 갈 거라고는 생각하지 마. 나는 곧 다시 내 몸을 감싸고 계단을 달려 올라와 내 방에 들어와 문을 잠그고, 마음이 내키면 유리잔을 단숨에 들이킬 거야. 하지만 마음이 내키지 않을 거야. 그건 단지 비겁한 짓이거든. 당신네들은 그다지 존경 받지는 못할 거야, 나쁜 자식들. 내가 너희들 앞에서 부끄러워 하냐고? 내가 어느 누구 앞에서 부끄러워한다고? 난 정말 그럴 필요가 없어. 다시 한 번 네 눈을 들여다 봐, 아름다운 엘제. 네가 얼마나 큰 눈을 가졌는지, 가까이 다가가면. 난 누군가가 내 두 눈에, 내 붉은 입술에 키스해 주길 원했었지. 외투는 거의 발목 위에 닿는다. 사람들이 보겠지, 내 두 발이 맨 살이라는 걸. 무슨 상관이람, 곧 더 많은 걸 보게 될 텐데! 그렇지만 난 그럴 의무는 없어. 아래에 도착하기 전에 난 다시 되돌아올 수도 있어. 2층에서 난 되돌아올 수 있어. 아래로 내려갈 필요 도 없어. 하지만 난 그렇게 할 거야. 난 그게 기다려져. 살면서 내내 이런 걸 원하지 않았던가?

뭘 기다리고 있는 거니? 난 준비가 되었어. 공연이 시작 될 거야. 편지를 잊지 말고. 귀족적인 글씨, 라고 프레트는 주 장했지. 안녕, 엘제. 넌 외투를 입어도 아름답구나. 피렌체 여 인들의 초상화 같아. 갤러리에 그들의 그림이 걸려 있어. 그 건 그들에게 영광이야. – 내가 외투로 감싸고 있으니, 사람들 은 아무것도 눈치 채지 못할 거야. 두 발만, 두 발만은. 난 검정 에나멜 구두를 신는다. 그러면 사람들은 피부색 스타킹을 신 고 있다고 생각하겠지. 이렇게 난 홀을 지나가고, 아무도 외투 안에 나, 나 자신 말고는 아무것도 없다는 걸 예감조차 못하겠 지. 그리고 난 아직도 여전히 위로 올라올 수 있다 …… 아래 층에서 멋지게 연주하는 건 누구? 쇼팽? – 폰 도르스데이 씨 는 약간 불안하겠지. 아마 파울이 무서울 수도 있어. 참고 기 다리세요, 참으세요. 모든 게 드러날 테니. 난 아직 아무것도 모르겠어요, 폰 도르스데이 씨, 나 자신도 정말 긴장하고 있거 든요. 불을 꺼! 내 방에 모든 게 아무 이상 없나? 안녕, 베로날,

잘 가. 안녕, 사랑하는 거울 속의 내 모습아. 너는 어둠 속에서
도 빛이 나는구나. 난 외투 속에 벗은 몸이 이미 익숙해졌어.
아주 편안해. 누가 알아, 몇몇 사람들도 이렇게 벗은 채 홀에
앉아 있는데, 아무도 그걸 모르는 건지. 부인 몇 명이 이런 차
림으로 연극을 보러 그들의 박스 석에 앉아 있는 건지 – 재미
로 또는 다른 이유로.

　방문을 잠가야 하나? 왜? 여긴 훔쳐갈 것도 없는데. 만약
그렇다 해도, 난 아무것도 필요 없어. 끝 …… 65호는 어디에
있는 거야? 복도에는 아무도 없다. 모두 아래에서 디너 중이
다. 61호, 62호 …… 저기 방문 앞에 있는 건 거대한 등산화인
데. 저기엔 문고리에 바지가 걸려 있다. 점잖지 못하게. 64, 65.
자. 저기 묵는구나, 비콩트 …… 난 저기 아래, 편지를 문에 기
대어 세워둔다. 그는 그걸 금방 볼 수 있을 거다. 아무도 그걸
훔쳐가지 않겠지? 자, 저기 편지가 있다 …… 괜찮아 …… 난
여전히 뭐든 내가 하고 싶은 걸 할 수 있어. 난 그 남자를 놀려
먹었을 뿐이야 …… 그를 지금 계단에서 마주칠 수만 있다면.
저기 그가 온다 …… 아니야, 그 남자가 아냐! …… 저 남자는
폰 도르스데이 씨보다 훨씬 더 잘생겼어, 매우 품위 있어, 작은
검은색 콧수염이 있어. 저 사람은 언제 도착한 거지? 난 리허
설을 할 수도 있어 – 외투를 아주 조금 열어본다든가. 정말 구

미가 당긴다. 나를 보세요, 신사분. 당신은 모르죠, 지금 지나치는 사람이 누구인지. 아깝네요, 하필 당신은 지금 위로 올라오다니. 왜 홀에 남아 있지 그랬어요? 당신은 뭔가를 놓친 거예요. 위대한 쇼. 당신은 왜 날 붙잡지 않는 건가요? 내 운명은 당신의 손에 있는데. 내게 인사를 하면 난 다시 몸을 돌릴게요. 그러니 내게 인사를 건네세요. 난 당신을 이렇게 사랑스럽게 쳐다보는데…… 그는 인사하지 않는다. 그는 지나친다. 그는 몸을 돌린다, 난 그걸 느낀다. 불러요, 인사 하세요! 나를 구해주세요! 아마도 당신이 내 죽음에 책임이 있어요, 신사분! 그렇지만 당신은 그걸 절대로 모르겠죠. 수취인은 피알라…….

어디에 있는 거지? 벌써 홀 안에? 어떻게 여기로 온 거지? 사람도 별로 없고 모르는 사람들이 많네. 눈이 나빠진 건가? 도스르데이는 어디 있어? 그는 여기 없다. 이게 운명의 신호일까? 난 돌아갈 거야. 난 도르스데이에게 다른 편지를 쓸 거야. 당신을 자정에 내 방에서 기다리겠습니다. 당신 은행에 보내는 전보를 가져오세요. 아니, 그는 이게 함정이라고 생각할 수도 있어. 함정일 수도 있죠. 난 파울을 내 방에 숨겨두고, 파울은 권총으로 그를 위협해서 우리에게 전보를 넘기라고 할 거야. 협박. 범죄자 한 쌍. 도르스데이는 어디 있지? 도르스데이, 어디 있는 거야? 아마 내 죽음으로 인한 후회로 죽어버렸나? 그는 카드놀이 방에 있을 거야. 분명. 카드게임 탁자에 앉아 있겠지. 그러면 난 문 앞에서 그에게 눈짓으로 신호를 보내야지. 그는 곧 일어선다. 〉나 여기 있어요, 아가씨.〈 그의 목소리가 울린다. 〉우리 조금만 걸을까요, 폰 도르스데이 씨?〈 〉그러시죠, 엘제 양.〈 우리는 마리엔벡을 거쳐 숲으로 간다. 단둘뿐이다. 난 외투를 열어젖힌다. 5만의 값이야. 공기는 차다, 난 폐렴을 얻어서 죽는다 …… 두 명의 부인들이 왜 날 쳐다보지? 뭔가를 알아차렸나? 난 왜 여기에 있지? 내가 미친 건가? 내 방으로 돌아갈 거야, 얼른 옷을 입고, 푸른색, 그 위에 지금처럼 외투를 입을 거야, 그렇지만 외투를 열고, 그러면 아무도 내가 그 전에 아무것도 입지 않고 있었다고 생각할 수 없겠지…… 난 돌아갈 수 없어. 돌아가지도 않을 거야. 파울은 어디에 있지? 엠마 이모는? 씨시는? 다들 대체 어디에 있는 거야? 아무도 모를 거야…… 사람들은 전혀 눈치 챌 수 없어. 누가 이렇게 아름답게 연주하지? 쇼팽? 아니, 슈만.

난 홀에서 이리 저리 박쥐처럼 돌아다닌다. 5만! 시간은 흘러간다. 난 이 망할, 폰 도르스데이 씨를 찾아야 해. 아니, 난 내 방으로 돌아가야 해…… 난 베로날을 마실 거야. 단지 한 모금, 그러면 난 잘 자겠지…… 일을 끝낸 후에 잘 쉬는 거야…… 그런데 아직 일이 끝나지 않았잖아…… 저 종업원이 블랙커피를 저기 노신사에게 서빙하면, 모든 게 잘될 거야. 만약 종업원이 커피를 구석자리의 젊은 부부에게 갖다 주면, 모든 게 망한 거야. 왜? 무슨 뜻이지? 나이든 신사에게 커피를 가져다준다. 이 겼다! 모든 게 다 잘된다. 하, 씨시와 파울! 호텔 밖에서 그들이 왔다 갔다 한다. 그들은 아주 즐겁게 대화를 하고 있다. 파울은 내 두통 때문에 별달리 동요하지 않는다. 허풍쟁이!…… 씨시는 나처럼 가슴이 예쁘지 않다. 물론, 그녀는 애가 있지…… 두 사람은 무슨 이야기를 할까? 그걸 들을 수만 있다면! 그들이 무슨 얘기를 하건 내가 무슨 상관이람. 나도 호텔 앞으로 나가서, 그들에게 저녁 인사를 하고 그리고 계속, 들판으로 날아가서, 숲으로, 올라가서, 점점 더 높이 기어오른다. 시모네 정상까지, 그리고 누워서, 잠이 들고 얼어 죽는다. 빈 사교계의 어느 젊은 여성의 비밀스러운 자살. 검정 외투만을 걸친 채, 아름다운 소녀는 델라 팔라 시모네 정상의 닿을 수 없는 곳에서 시체로 발견되었다…… 아마 날 발견하지 못할 수도 있어…… 아니면 내년에나. 혹은 더 나중에. 부패한 채. 해골로. 아니면 난방이 되는 이곳에 있고, 얼어 죽지 않는 것이 더 나을 수도. 자, 폰 도르스데이 씨, 대체 어디에 박혀 있는 거죠? 내가 기다려야 할 의무가 있나요? 당신이 날 찾아야죠, 내가 당신을 찾는 건 아니죠. 카드게임 방에서 찾아봐야겠어. 거기에도 없으면, 그는 자신의 권리를 박탈당한거야. 난 그에게 쓸 거야. 당신을 찾을 수 없었습니다, 폰 도르스데이 씨. 당신이 자의적으로 포기한 겁니다. 그것이 돈을 당장 보내야 하는 의무로부터 당신을 벗어나게 하진 않아요. 그 돈. 어떤 돈? 내가 무슨 상관이지? 난 아무래도 상관없어, 그가 돈을 보내든지, 말든지. 난 아빠에게 조금도 연민 따위는 없어. 어떤 인간도 동정하지 않아. 나 자신한테도. 내 마음은 죽었어. 심장이 더 이상 뛰지 않는 것 같아. 아마 난 베로날을 이미 마셔 버렸나봐…… 왜 네덜란드인 가족들이 날 저렇게 보지? 뭔가를 눈치 채는 건 불가능한데. 도어맨도 나를 의심스러운 눈으로 쳐다보네. 전보가 또 도착했나? 8만? 10만? 수취인은 피알라. 전보가 와 있다면, 도어맨이 내게 말하겠지. 그는 날 정중하게 본다. 그는 모른다, 내가 외투안에 아무것도 걸치지 않고 있다는 걸. 아무도 그걸 모른다. 난 내 방으로 돌아간다. 뒤돌아서, 돌아간다, 돌아간다! 계단 위에서 걸려 넘어지기라도 한다면, 아주 재밌게 될 텐데. 3년 전 뵈르더 호수에서 어떤 여자가 다 벗고 수영을 했었지. 바로 그날 오후에 그 여자는 그곳을 떠났어. 엄마는 그 사람이 베를린에서 온 오페라 여가수라고 말했어. 슈만? 아, 카니발이구나.[45]

---

45 작곡가 슈만의 피아노 곡 연작 9번.

여자인지 남자인지 연주가 훌륭하군. 그런데 카드놀이 방은 오른쪽이야. 마지막 기회예요, 폰 도르스데이 씨. 그 사람이 거기에 있다면, 난 눈짓으로 내가 있는 쪽으로 오게 해서 그에게 말한다. 자정에 당신 방에 가겠어요, 나쁜 자식아. ─ 아니, 나쁜 자식이란 말은 하지 않아. 그 말은 나중에 해주지…… 누군가가 내 뒤를 따라온다. 난 몸을 돌린다. 안 돼, 안 돼. ─

　"엘제!" ─ 맙소사 이모잖아. 계속 가, 계속! "엘제!" ─ 난 뒤를 돌아봐야 한다, 별다른 수가 없어. "아, 안녕하세요, 이모." ─ "그래, 엘제, 무슨 일이니? 방금 네 방으로 올라가려던 중이야. 파울이 말하던데 ─ 그런데, 안색이 왜 그러니?" ─ "제가 어떤데요, 이모? 전 아주 좋아요. 간단하게 식사도 했어요. 뭔가를 눈치 챈 거야, 뭔가를 눈치 챘어. ─ "엘제 ─ 너 ─ 스타킹을 신지 않았구나!" ─ "무슨 말씀이세요, 이모? 어머나, 양말을 신지 않았네. 이런 ─!" ─ "너 몸이 안 좋은 거니, 엘제? 눈에 ─ 열이 있구나." "열이요? 아닌 거 같아요. 그냥 좀 두통이 심해요, 이렇게 심한 건 평생 처음이에요." ─ "당장 침대로 가야겠어, 얘야, 백지장처럼 창백하구나." ─ "그건 불빛 때문이에요, 이모. 모두들 여기 홀에서는 창백해 보이거든요." 이모는 내가 이상하다는 듯 내 아래쪽을 본다. 아무것도 눈치 채지 못할 텐데? 지금은 정신을 차리기만 하면 돼. 내가 정신을 차리지 않으면, 아빠는 망한 거야. 난 뭔가를 말해야 해. "이모, 올해 제게 무슨 일이 있었는지 아세요? 제가 한쪽은 노란색 다른 쪽은 검은색 구두를 신고 길거리로 나간적도 있답니다." 한마디도 사실이 아니다. 난 계속 말을 해야 한다. 무슨 말을 하지? "알죠, 이모, 두통이 지나가고 나면 때로는 그렇게 정신이 산만해지는 때가 있어요. 엄마도 예전에 그런 적이 있대요." 다 거짓말이야. - "하여간에 의사 선생님을 불러주마." - "그러지 마세요, 이모. 호텔에 의사도 없잖아요. 다른 마을에서 불러와야 하잖아요. 사람들은 웃을 거예요. 제가 스타킹을 신지 않았다고 의사를 부른다고 하면요. 하하." 난 큰 소리로 웃어선 안 돼. 이모의 얼굴은 걱정으로 가득하다. 이모는 두려운 게지. 이모의 두 눈이 튀어나올 거 같다. - "말해 봐, 엘제, 혹 파울을 보지 못했니?" - 아, 도움을 받으려 하는구나. 정신 차려, 모든 게 여기에 달렸어. "씨시 무어와 같이 호텔 앞을 왔다 갔다 하는 거 같아요, 제가 잘못 본 게 아니면요." - "호텔 앞? 두 사람을 데리고 들어와야겠다. 우리 다 같이 차를 마셔야지, 그렇지?" - "좋아요." 이모는 어떻게 저런 멍한 얼굴을 할 수 있지. 난 아주 상냥하고 순진하게 고개를 끄덕인다. 이모는 가버린다. 이제 난 내 방으로 갈 것이다. 아니, 내 방에서 뭘 해야 하지? 지금이 최고의 타이밍이야, 최고의 타이밍. 5만, 5만. 내가 왜 뛰는 거지? 제발 천천히,

천천히…… 뭘 하려고? 그 남자 이름이 뭐더라? 폰 도르스데이 씨. 이상한 이름이야…… 이곳은 카드놀이 방이군. 문 앞에는 녹색 커튼이 있다. 그래서 아무것도 볼 수 없다. 난 까치발을 한다. 위스트 카드게임.[46] 저들은 매일 저녁에 카드게임을 한다. 저기 두 명의 남자는 체스를 두고 있군. 폰 도르스데이 씨는 없다. 야호. 살았다! 대체 왜? 난 계속 찾아야 해. 난 죽을 때까지 폰 도르스데이 씨를 찾아야 하는 저주를 받았어. 그도 분명 날 찾겠지. 우린 계속해서 서로 어긋난다. 아마도 나를 위층에서 찾고 있겠지. 우리는 계단에서 마주칠 것이다. 네덜란드 인들이 다시 나를 본다. 딸은 아주 예쁘다. 나이든 남자분은 안경을 쓰고 있다, 안경, 안경…… 5만. 그건 별로 많은 액수가 아니다. 5만이요, 폰 도르스데이 씨. 슈만? 그래, 카니발…… 나도 배운 적이 있어. 여자가 연주를 잘한다. 왜 여자

---

46 4명이 하는 영국식 카드놀이.

지? 혹시 남자가 연주하나? 혹시 유명한 여성 연주자인가? 음악 살롱 안을 들여다봐야겠어.

여기 문이 있다. -- 도르스데이! 쓰러질 거 같아. 도르스데이! 저기 그가 창가에 서서 연주를 듣고 있다. 어떻게 그럴 수가 있지? 난 바싹 바싹 말라 간다 - 미쳐간다 - 죽어 있다 - 그런데 그는 낯선 여인의 피아노 연주에 귀를 기울이고 있다. 저기 소파에 두 명의 남자가 앉아 있다. 금발은 오늘 도착한 사람이다. 마차에서 내리는 걸 봤어. 저 부인은 전혀 젊지 않다. 여기에 온 지는 벌써 며칠이 되었다. 저렇게 피아노를 잘 치는 줄은 몰랐어. 저 여자는 잘 지내는군. 모든 사람들

이 다 잘 지내…… 나만 저주 받았어…… 도르스데이! 도르스데이! 정말 그 사람인가? 그는 날 보지 않는다. 지금 그는 점잖은 사람처럼 보인다. 그는 귀를 기울이고 있다. 5만! 지금 아니면 다시는 안 된다! 조용히 문이 열린다. 여기 내가 있어, 폰 도르스데이 씨! 그는 나를 보지 않는다. 난 눈으로 그에게

신호를 보내야겠다. 그러고는 외투를 약간 열어, 그걸로 충분해. 난 젊은 아가씨니까. 난 좋은 집안의 점잖은 젊은 아가씨니까. 난 창녀가 아니야…… 난 계속할 거야. 베로날을 마시고 잠을 잘 거야. 당신은 착각했어요, 폰 도르스데이 씨, 난 창녀가 아니야. 아듀, 아듀!…… 하, 그가 쳐다본다. 여기 내가 있어, 폰 도르스데이 씨. 쳐다보는 두 눈 좀 봐! 그의 입술이 떨린다. 그의 두 눈이 내 이마를 꿰뚫는 듯하다. 내가 외투 안에 알몸인 것을 그는 짐작도 하지 못한다. 날 계속하게 두어요, 계속하게! 그의 두 눈이 이글거린다. 그의 두 눈이 위협적이다. 당신이 내게 원하는 건 뭐죠? 당신은 나쁜 놈이야. 저 남자만 나를 쳐다본다. 당신은 귀를 기울인다. 자 오세요, 폰 도르스데이 씨! 아직 모르겠어요? 저기 1인용 소파에 – 맙소사, 소파에 – 저건 그 사기꾼이다! 오, 고마워요. 그가 다시 왔다, 다시 왔어. 그냥 투어를 떠났던 거구나! 이제 그는 다시 여기에 있다. 로마인 두상이 다시 왔어. 나의 신랑, 나의 연인. 그런데 그는 날 보지 않는다. 그리고 날 보아서도 안 된다. 뭘 원하시죠, 폰 도르스데이 씨? 마치 내가 당신의 노예나 된 듯이 나를 쳐다보는군요. 난 당신의 노예가 아니야. 5만! 우리가 합의했던 건 그대로죠, 폰 도르스데이 씨? 난 준비가 되었어요. 여기 내가 있어요. 난 아주 평온해요. 난 웃음을 띤다. 내 시선을 이해하나요? 그의 눈이 내게 말한다. 이리 와! 그의 눈이 말한다. 난 당신의 벗은 몸을 보고 싶어. 자, 이 나쁜 자식아, 난 벗었어. 이제 어쩔래? 전보를 보내…… 당장…… 살갗에 바람이 와 닿는다. 여자는 연주를 계속하고 있다. 내 살갗에 와 닿는 공기가 기분 좋다. 벌거벗고 있다는 건 얼마나 좋은가. 그

여자는 계속 연주를 한다. 그녀는 모른다, 무슨 일이 벌어지고 있는지. 그건 아무도 모른다. 아직 아무도 나를 보지 않는다. 사기꾼, 사기꾼! 여기 내가 벌거벗고 서 있어요. 도르스데이의 두 눈이 커진다. 드디어 그가 알게 된 거지. 그 사기꾼도 일어선다. 그의 두 눈에서 빛이 난다. 넌 날 이해하지, 잘생긴 청

년. "하하!" 여자는 더 이상 연주하지 않는다. 아빠는 살았어. 5만! 수취인은 피알라! "하, 하, 하!" 누가 웃고 있는 거야? 내가? "하, 하, 하!" 날 둘러싸고 있는 이 얼굴들은 뭐지? "하, 하, 하!" 내가 웃고 있다니, 너무 바보 같다. 웃지 않을 거야, 웃지 않을 거야. "하하!" – "엘제!" – 누가 엘제를 부르는 거지? 파울이다. 그가 내 뒤에 있었나보다. 벗은 등 뒤로 바람이 느껴진다. 내 귀가 웅웅 울린다. 내가 벌써 죽은 건가? 뭘 원하시죠, 폰 도르스데이 씨? 당신은 어떻게 그렇게 키가 크죠, 그리고 왜 내 위를 덮치고 있죠? "하, 하, 하!"

내가 무슨 짓을 한 거야? 뭘 한 거지? 뭘 한 거야? 난 쓰러진다. 모든 게 지나갔다. 이젠 왜 음악이 없지? 팔 하나가 나의 목덜미를 감싼다. 파울이다. 사기꾼은 어디 있지? 저기 있구나. "하, 하, 하!" 외투가 내 위로 날아온다. 난 누워있다. 사람들은 내가 기절했다고 생각한다. 아니, 난 기절하지 않았어. 난 의식이 또렷해. 난 백 배, 천 배 정신이 깨어 있어. 그냥 계속 웃음이 나올 뿐이야. "하, 하, 하!" 이제 당신 소원대로 되었으니, 폰 도르스데이 씨. 당신은 아빠를 위한 돈을 보내야 해요. 당장. "하아아아!" 난 소리 지르지 싶지 않아, 그런데 계속 소리를 지르고 있다. 왜 소리를 질러야 하는 거야. – 나의 두 눈은 감겨 있다. 아무도 나를 보지 못한다. 아빠는 살았다. –

"엘제!" - 이건 이모다. - "엘제! 엘제!" - "의사, 의사를!" - "얼른 도어맨에게!" - "대체 무슨 일이야?" - "이건 말도 안 돼." - "불쌍한 아이." - 무슨 말들을 하는 거지? 뭐라고들 중얼거리는 거야? 난 불쌍한 애가 아니야. 난 행복해. 그 사기꾼이 내 벗은 몸을 보았어. 아, 정말 부끄럽다. 내가 뭘 한 거지? 난 다시는 눈을 뜨지 않을 거야. - "제발, 문을 닫아 주세요." - 왜 문을 닫아야 하지? 웅성웅성. 수천 명이 나를 둘러싸고 있다. 그들 모두가 내가 기절한 걸로 생각한다. 난 기절한 게 아니다. 난 단지 꿈을 꾸고 있다. - "진정하세요, 부인." - "의사를 부르러 갔나요?" - "이건 기절한 거예요." - 그들은 저기 저 멀리에 떨어져 있다. 모두들 시모네 정상에서 아래로 말을 하고 있다. - "이렇게 바닥에 눕혀 놓을 수는 없잖아요." - "여기 모포가 있어요." - "담요예요." - "담요든 모포든, 상관없어요." - "좀 조용히 해주세요." - "소파로." - "제발 문 좀 닫아 주세요." - "그렇게 예민할 필요 없어요, 이미 닫혀 있어요." - "엘제! 엘제!" - 이모가 제발 조용히 해주었으면! - "내 말 들리니, 엘제?" - "엄마, 엘제가 기절한 게 안 보여요." - 그래, 다행이다, 난 너희들에게는 기절해 있는 거야. 그리고 기절한 채로 있으련다. - "우리는 엘제를 방으로 데려가야겠어요." - "대체 무슨 일이에요? 맙소사!" - 씨시. 씨시가 어떻게 초원에 온 거지? 아, 여긴 초원이 아니지. - "엘제!" - "조용히 해줘요!" - "조금만 뒤로 물러서주세요." - 손들, 내 몸 아래로 여러 명의 손이. 뭘 하려는 거지? 난 무겁다. 파울의 두 손. 어서, 계속 해. 그 사기꾼도 내 가까이에 있다. 난 알 수 있다. 도르스데이는 가버렸다. 그를 찾아야만 한다. 그가 5만을 보내기 전에 목숨을 끊으면 안 된다. 신사분들, 그자는 내게 빚을 졌어요. 그를 체포하세요. "누구한테서 전보가 온 건지, 너는 아는 게 있니, 파울?" - "안녕하십니까, 여러분." - "엘제, 내 말 들리니?" - "제발 그 애를 그냥 두세요, 씨시 부인." - "아이, 파울." - "지배인 말로는 의사가 오려면 4시간은 걸린다는군요." - "마치 잠든 것처럼 보이네요." - 난 소파에 누워 있다. 파울이 내 손을 잡고 맥박을 재고 있다. 그렇지, 그는 의사지. - "위험하다고 할 수 없구요, 엄마. 발작이에요." - "난 호텔에 하루도 더 머물 수 없다." - "제발요, 어머니." - "내일 아침 일찍 우리는 떠난다." - "그냥 간단하게 직원용 계단으로 옮기죠. 들것도 곧 도착할 겁니다." - 들것? 난 오늘 이미 들것 위에 있었던 게 아닌가? 내가 이미 죽었던 게 아닌가? 또 한 번 죽어야 하나? - "지배인님. 제발 사람들이 문가에서 물러나게 조치를 좀 취해주세요." - "흥분하지 마세요, 엄마." - "사람들은 배려심이 없군요." - 왜 모두들 속삭이지? 마치 임종 때처럼. 곧 들것이 온다. 문을 열어, 투우사 씨! - "복도가 비었습니다." - "사람들이 최소한 그 정도 배려는 해주어야지.” - “제발, 어머니, 진정하시라니까요.” - “맞습니다, 부인.” - “제 어머니를 좀 봐 주시겠어요, 씨시 부인?” – 저 여자는 그의 애인이다. 그렇지만 나만큼 예쁘지 않아. 그게 어쨌다고. 저기 무슨 일이지? 그들이 들것을 가져온다. 난 감긴 두 눈으로 그걸 본다. 이건 사고를 당한 사람을 옮기는 들것이다. 거기에 시모네에서 추락한 치그몬디 박사도 누웠다. 지금은 내가 그 들것 위에 누울 것이다. 나도 추락했다. “하!” 난 또 다시 소리 지르고 싶지 않다. 그들은 속삭인다. 누가 내 얼굴 위로 몸을 굽히고 있지? 담배 냄새가 난다. 그의 손이 내 머리 아래로 온다. 내 등 아래의 손들, 내 다리 아래의 손들. 계속, 계속, 날 만지지 마. 난 발가벗고 있단 말이야. 저리 치워, 훠이. 너희들 뭐 하는 거야? 날 가만히 내버려 둬. 이건 아빠만을 위한 거야. – “제발 조심, 자, 천천히.” - “모포는?” - “네, 고마워요, 씨시 부인.” – 왜 그녀에게 감사하는 거지? 그 여자가 뭘 했는데? 내게 무슨 일이 있는 거지? 아, 좋아, 좋아. 난 붕 뜬다. 공중으로 뜬다. 공중에서 저편으로 간다. 사람들은 나를 옮긴다, 날 옮긴다, 무덤으로 옮긴다. – “지배인님, 이건 지한테는 별 일 아닙죠. 더 무거운 사람들도 올려봤습죠. 지난 가을에는 한 번에 둘이나요.” - “쉿, 쉬.” - “부탁드려요, 씨시 부인, 먼저 가셔서 엘제의 방에 모든 게 정돈되어 있는지 봐주시겠어요.” – 씨시가 내 방에서 뭘 한다고?

베로날, 베로날! 제발 그걸 쏟아버리지만 마. 그러면 난 창 밖
으로 몸을 던져야 하잖아. – "고마워요, 지배인님, 수고하셨어
요." - "어떠신지 나중에 다시 여쭤보도록 하지요." – 계단이 삐걱
거린다, 들것을 든 남자가 무거운 등산화를 신고 있다. 내 에
나멜 구두는 어디 있지? 뮤직 룸에 남아 있다. 그걸 훔쳐갈 텐
데. 그 구두는 아가테에게 남겨주려고 했는데. 프레트는 내 만
년필을 갖고. 그들은 나를 옮긴다. 나를 옮긴다. 장례식 행렬.
도르스데이, 살인자는 어디에 있어? 그는 가버렸다. 그리고 그
남자, 사기꾼도 가버렸다. 그는 다시 등반을 떠났다. 그는 단
한번 내 하얀 가슴을 보기 위해 다시 돌아온 것일 뿐. 지금은
다시 떠나 버렸다. 그는 바위와 깊은 낭떠러지 사이의 아찔한
길을 걸어간다. – 잘 있어요, 잘 있어요. – 난 붕붕 뜬다, 붕붕
뜬다. 날 그냥 위로 옮겨요, 계속, 지붕까지, 하늘까지. 그러면
정말 편할 텐데. – "난 이렇게 될 줄 알았다, 파울." – 이모는 뭘
알았다는 거지? – "지난 며칠 내내 난 무슨 일이 일어날 거라 생각
이 들었다. 이애는 도대체가 정상이 아니야. 당연히 정신병원으로
가야 해." - "아니, 엄마, 지금은 그런 얘기를 하실 때가 아니에요."
– 정신병원 –? 정신병원 –?! – "넌 설마, 파울, 내가 이 인간이랑
같은 기차를 타고 빈으로 갈 거라 생각하는 건 아니지? 그럼 아주
대단한 일을 겪게 될 거다." - "아무 일도 일어나지 않아요, 엄마. 제

가 보증하죠, 어떤 불상사도 없을 거라는 걸." - "네가 그걸 어떻게 보증한다는 거냐?" - 아뇨, 이모, 불상사를 겪으시면 안 되죠. 아무도 불쾌한 일을 당하지 않을 거예요. 폰 도르스데이 씨도 말이죠. 우리는 어디에 있는 거지? 우리는 서 있다. 3층에. 난 눈을 깜빡이게 된다. 씨시는 문간에 서서 파울과 이야기하고 있다. - "이리로요. 그렇게. 그렇게요. 이리로. 감사합니다. 들것을 침대 가까이에 갖다 대세요." - 그들은 들것을 들어올린다. 그들은 나를 옮긴다. 정말 좋다. 이제 난 다시 집으로 왔어. 아! - "고마워요, 그렇게, 네 좋아요. 문을 좀 닫아주세요. - 절 좀 도와 주시겠어요, 씨시." - "오, 기꺼이요, 의사 선생님." - "천천히요. 여기, 씨시, 그녀를 좀 잡아보세요. 여기 다리요. 조심. 그리고 - - 엘제 - -? 내 말 들려, 엘제?" - 물론 네 말이 들리지, 파울. 난 모든 걸 듣고 있어. 그렇지만 너희한테 그게 무슨 상관이야. 기절해 있는 건 이렇게 좋은데. 아, 하고 싶은 대로들 해. - "파울!" - "네 부인?" - "당신 정말, 저 애가 의식이 없다고 믿는 거야, 파울?" - 당신? 저 여자가 그에게 당신이라고 하네. 딱 걸렸어! 그녀가 당신이라고 그에게 말한다! - "네, 그녀는 완전히 의식이 없어요. 그건 그런 발작 뒤에 흔히 나타나죠." - "아냐, 파울, 당신이 그렇게 성숙하게 의사 선생님으로 행동하니까 웃겨 죽겠어." - 딱 걸렸어, 거짓말쟁이들! 나한테 걸린 거지? - "조용히, 씨시." - "왜, 저 애는 아무것도 못 듣는데?!" – 무슨 일이 일어났지? 난 침대에 발 가벗은 채 담요를 덮고 있다. 저들이 어떻게 한 거지? – "자, 어 때? 좀 나아졌니?" – 이건 이모다. 이모가 여기서 뭘 하는 거지? – "아직도 기절한 거니?" – 발끝으로 살금살금 이모가 다가온 다. 지옥에나 가버려. 날 정신병원으로 보내도록 하지 않을 거 야. 난 정신 나간 게 아냐. – "정신이 돌아오게 깨울 수 있을까?" - "곧 다시 정신을 차릴 거예요, 엄마. 지금은 휴식이 필요할 뿐이에 요. 그건 엄마도 마찬가지예요. 주무시러 가지 않으시겠어요? 절대 위험할 일은 없어요. 제가 씨시 부인과 같이 밤새 엘제 곁을 지킬게 요." - "그럼요, 부인, 제가 감시자예요. 아니면, 생각에 따라서는 엘 제이거나." 못된 여편네. 여기 난 정신을 잃고 누워 있는데, 농 담을 하다니. "의사가 오는 대로 날 깨울 거라 믿어도 되겠지, 파 울?" - "아이, 엄마, 의사는 내일 이른 아침 전에는 오지 않아요." - "저 애는 마치 잠이 든 거 같구나. 숨소리가 아주 평온해." - "이것 도 일종의 수면이니까요, 엄마." - "난 여전히 이해하지 못하겠다, 파울, 이런 스캔들이 있니. 두고 보렴, 신문에 날 테니!" - "어머니!" - "저 애는 아무것도 듣지 못하잖니, 저렇게 기절했는데. 우린 아주 나지막하게 이야기하고 있고." - "이런 상태에서는 때로는 감각들 이 정말 예민해요." - "부인은 정말 박식한 아드님을 두셨어요, 부 인." - "부탁드려요, 엄마, 주무시러 가세요." - "내일 우리는 어떤 경우에라도 여길 떠난다. 그리고 보첸[47]에서 엘제를 감시할 여자를 하나 구하자." – 뭐라고? 감시할 여자? 당신들 지금 착각하는 거예요. – "내일 모든 걸 의논하죠, 엄마. 안녕히 주무세요, 엄마." – "난 방으로 차를 주문하련다. 십오 분 후에 다시 들러보마." – "그럴 필요는 전혀 없어요, 엄마." – 그렇죠, 그럴 필요 없어요. 당신은 지옥에 가야 해. 베로날은 어디에 있지? 난 기다려야만 해. 그들이 이모를 방문까지 배웅한다. 이제 아무도 나를 보지 않는다. 협탁에 있었는데, 베로날을 탄 유리잔. 그걸 다 마시면, 모든 게 지나가는 거야. 곧 난 그걸 마실 것이다. 이모는 간다. 파울과 씨시가 문가에 서 있다. 그녀가 그에게 키스한다. 난 담요 아래에 발가벗고 누워 있다. 그녀가 다시 그에게 키스를 한다. 너희들 부끄럽지도 않니? – "알아, 파울, 이제 난 알아, 저 애가 정신을 잃었다는 걸. 안 그랬으면 저 앤 분명 내 목을 조르려고 달려들었을 거야." "부탁 좀 할게. 입을 다물어 주겠어요, 씨시?" – "아이, 뭘 하려구? 저 애는 진짜 정신을 잃었거나, 그러면 아무것도 듣지도, 보지도 못하겠지. 아니면 저애는 우릴 갖고 노는 거야. 그렇다면 저 앤 정말 제대로 하고 있는 거구." – "노크 소리가 났어, 씨시." – "나도 그런 거 같아." – "조용히 열어서 누구인지 볼게. – 안

---

47 티롤 지방의 도시.

녕하세요, 폰 도르스데이 씨." - "실례합니다. 전 그냥 환자가 어떤지 여쭤보려고요." - 도르스데이! 도르스데이! 정말 그가 감히? 모든 짐승 같은 놈들이 날뛰는구나. 그는 어디에 있는 거야? 그들이 문 앞에서 속삭이는 소리가 들린다. 당신은 내 거울 앞에서 뭘 하고 있어? 그건 내 거울이야. 아직도 내 모습이 그 안에 들어 있지 않나? 저들은 바깥 문 앞에서 무슨 얘길 하는 거야, 파울과 도르스데이? 난 씨시의 시선을 느낀다. 거울로 그녀는 내 쪽을 바라본다. 뭘 하려는 거지? 저 여자가 왜 가까이 다가오는 거지? 도와주세요! 도와주세요! 난 소리를 지르는데, 아무도 듣지 못한다. 내 침대에서 뭘 하려는 거죠, 씨시? 왜 몸을 구부리는 거죠? 내 목을 조르려고? 난 움직일 수가 없다. - "엘제!" - 뭘 하려는 거지? - "엘제! 내 말 들려요, 엘제?" - 들린다, 그러나 침묵한다. 난 정신을 잃었으니까. 난 침묵해야 한다. - "엘제, 당신은 우리를 정말 깜짝 놀라게 했어요." - 그녀가 내게 말을 한다. 그녀가 내게 말을 한다, 마치 내가 깨어 있다는 듯. 뭘 원하는 거지? - "당신이 무슨 짓을 했는지, 알고 있어요, 엘제? 생각해 봐요, 외투 하나만 걸치고, 당신은 음악 홀로 들어갔어요, 갑자기 알몸으로 모든 사람들 앞에 서 있었어요. 그리곤 정신을 잃고 쓰러졌죠. 히스테리 발작이라고 하더군요. 난 그 말을 한마디도 믿지 않아요. 난 당신이 의식이 없다는 것도 믿지 않아요. 당신

은 내가 하는 말 모두 다 듣고 있다고, 내기할 수 있어요." - 그래,
난 듣고 있어, 그래, 그래, 그래. 그렇지만 그녀는 나의 대답을
듣지 못한다. 왜 그렇지? 난 입술을 움직일 수 없다. 그러니까
그녀는 내 말을 듣지 못하는 거다. 난 움직일 수 없다. 내게 무
슨 일이 일어난 거지? 죽은 건가? 가사 상태인 건가? 꿈을 꾸
는 건가? 베로날은 어디에 있지? 난 내 베로날을 마시고 싶어.
그런데 팔을 뻗을 수 없어. 가버려요, 씨시. 당신은 왜 내 위로
몸을 굽히고 있지? 가, 가라구! 내가 자기 말을 들었다는 건 저
여자는 절대로 모를 거야. 아무도 그걸 모를 거야. 난 어떤 사
람에게도 말을 하지 않을 거니까. 난 다시 깨어나지도 않을 거
야. 그녀가 문 쪽으로 간다. 다시 한 번 몸을 돌려 내가 있는 쪽
을 바라본다. 그녀가 문을 연다. 도르스데이! 저기 그가 서 있
다. 난 그를 감은 두 눈으로 보았다. 아니, 난 정말 그를 본다.
난 두 눈을 뜨고 있다. 문이 반쯤 열려 있다. 씨시도 문밖에 있
다. 이제 그들은 속삭인다. 난 혼자다. 내가 지금 움직일 수만
있다면.

하, 할 수 있다, 할 수 있어. 난 손을 움직인다, 손가락을 움
직이고, 팔을 뻗어, 두 눈을 크게 뜬다. 나는 본다, 나는 보고
있다. 저기 내 유리잔이 있다. 어서, 그들이 다시 방으로 오기
전에. 가루약은 충분할까?! 난 다시는 깨어나서는 안 된다. 내

가 세상에서 해야만 하는 일을 나는 했다. 아빠는 살았다. 난 다시는 사람들 속으로 가지 못할 것이다. 파울이 열린 문틈 사이로 들여다본다. 그는 생각하겠지, 내가 정신을 잃었다고. 그는 내가 거의 팔을 뻗고 있다는 것을 보지 않는다. 지금 그들 세 명은 다시 방 밖 문 앞에 서 있다, 살인자들! - 모두가 살인자야. 도르스데이, 씨씨, 파울. 그리고 프레트도 살인자, 엄마도 살인자야. 모두가 나를 죽게 했고, 아무것도 모르지. 그녀는 스스로 목숨을 끊었어, 라고 그들은 말하겠지. 너희들이 나를 죽인 거야, 너희들 모두, 너희 모두가! 드디어 손에 있나? 어서! 난 해야 해. 한 방울도 흘려선 안 돼. 자. 어서. 맛이 좋군. 계속, 계속. 이건 전혀 독이 아니야. 어떤 것도 이처럼 맛난 적이 없어. 죽음이 얼마나 맛난지, 너희들이 알고 있다면! 안녕, 내 유리잔. 쩽그랑, 쩽그랑! 대체 뭐지? 바닥에 유리잔이 있다. 아래에 놓여 있다. 잘 있어. -

"엘제! 엘제!" - 너희들 원하는 게 뭐야? - "엘제!" - 너희들 다시 온 거야? 좋은 아침이야. 나는 감은 두 눈으로 정신을 잃고 누워 있다. 너희는 다시는 내 눈을 보지 못할 거야. - "엘제가 움직인 거 같아, 파울, 아니면 어떻게 이게 떨어질 수 있어?" - "무의식적인 움직임이야. 그건 가능해." - "그녀가 깨어난 게 아니라면." - "무슨 생각을 하는 거야, 씨시. 저 애를 좀 봐." - 난 베로날을 마셨다. 난 죽을 것이다. 그러나 상황은 아까와 똑 같다. 아마 충분하지 않았나…… 파울이 내 손을 잡는다. – "맥박은 평온한데. 웃지 마, 씨시. 불쌍한 애야." – "당신이 나도 불쌍한 아이라고 불러줄지, 만약 내가 음악 홀에서 발가벗고 서 있었다면?" – "그만 해, 씨시." – "원하시는 대로. 주인님. 난 가야 할까봐, 당신이 벌거벗은 아가씨와 단둘이 있게 말이야. 아이, 그렇게 쑥스러워하지 마. 내가 여기 없다고 생각해." – 난 베로날을 마셨다. 좋아. 난 죽을 것이다. 다행이다. – "근데, 내가 무슨 느낌을 받는지 당신 알아. 이 폰 도르스데이 씨가 발가벗은 아가씨에게 홀딱 반했다는 거. 그는 완전 흥분했어, 마치 이 일이 개인적으로 자신과 상관이 있다는 듯이." – 도르스데이, 도르스데이! 그건 그자다 – 5만! 그가 그 돈을 보낼까? 하느님, 만약 그가 그 돈을 보내지 않으면? 난 그걸 저들에게 말해야 해. 그들은 그를 압박해야 해. 맙소사, 만약 모든 게 소용이 없었다면? 그런데 아직은 날 구해줄 수 있어! 파울! 씨시! 왜 내 말을 안 듣는 거야? 너희는 모르겠어, 내가 죽어가는 걸? 그런데 난 아무것도 느껴지지 않는다. 그냥 피곤할 뿐이다. 파울! 나는 피곤해. 내 말 안 들려? 난 피곤하다구, 파울. 난 입술을 열 수 없다. 난 혀를 움직일 수 없다. 그러나 아직 죽은 건 아니다. 그건 베로날이다. 너희는 어디 있는 거야? 곧 나는 잠이 든다. 그러면 너무 늦은 거다! 난 그들의 말도 들리지 않는다. 그들은 말을 하는 데 나는 무슨 말인지 모른다. 그들의 목소리가 웅웅거린다. 그러니 날 좀 도와줘, 파울! 내 혀가 너무 무거워. – "내 생각에는, 씨시, 저 애는 곧 깨어날 거야. 두 눈을 뜨려고 애를 쓰는 것 같아. 아니, 씨시, 뭐하는 거야?" – "자, 내가 널 안을게. 왜 안 돼? 그 애도 별로 부끄러워하지 않았는데." 아니, 난 부끄러워하지 않았다. 난 모든 사람 앞에 발가벗고 서 있었다. 내가 말을 할 수만 있다면, 너희는 그 이유가 뭔지 이해하게 될 텐데. 파울! 파울! 너희가 내 말을 들어주면 좋겠어. 난 베로날을 마셨어, 파울. 가루 열 봉지, 백 개. 난 그걸 원하지는 않았어. 난 미쳤어. 난 죽고 싶지 않아. 넌 날 구해야 해, 파울. 너는 의사잖아. 날 구해줘! – "이제 다시 편안해진 거 같아. 맥박이 – 맥박이 거의 규칙적이야." – 날 구해줘, 파울. 내가 애원할게. 날 죽게 하지 마. 아직 시간이 있어. 그런 다음 난 잠이 들 테고, 너희들은 그걸 모를 거야. 난 죽고 싶지 않아. 그러니 날 구해줘. 그건 단지 아빠 때문이었어. 도르스데이가 그걸 요구했어. 파울! 파울! – "이것 좀 봐, 씨시, 그녀가 미소 짓는 거 같지 않아?" – "왜 웃지 않겠어, 파울, 네가 계속 다정하게 그 애 손을 잡고 있는데." – 씨시, 씨시, 내가 당신한테 무슨 짓을 했길래, 그렇게 내게 매정한 거지. 너의 파울을 가져 – 그렇지만 날 죽게 하지 마. 난 아직 젊어요.

엄마는 마음 아파할 거예요. 난 수많은 산을 더 오를 거예요. 아직 춤도 추어야 하고. 언젠가는 결혼도 하고 싶어요. 여행도 하고 싶고요. 내일 우리 시모네 정상으로 단체등반을 해요. 내일은 멋진 하루가 될 거예요. 사기꾼도 함께 갈 거야. 내가 다정하게 그를 초대한다. 그를 따라가, 파울. 그는 어지러운 길을 간다. 그는 아빠를 만나게 된다. 수취인은 피알라, 잊지 마. 그건 단지 5만이야. 그리곤 모든 게 정상이야. 저기 그들 모두가 죄수복 차림으로 행진하면서 노래를 한다. 문을 열어, 투우사 씨! 이 모두가 단지 꿈일 뿐. 저기 프레트도 그의 허스키한 목소리의 아가씨와 길을 간다. 탁 트인 하늘 아래 피아노가 서 있다. 피아노 조율사는 바르텐슈타인 가에 살아요, 엄마! 왜 그에게 편지를 쓰지 않은 거니, 애야? 넌 모든 걸 잊어버리지. 당신은 음계 연습을 더 해야 합니다, 엘제. 열세 살 난 소녀는 더 열심히 해야 해요. – 루디는 가장 무도회에 가고, 아침 8시가 되어서야 집으로 돌아왔다. 제게 뭘 가져 왔어요, 아빠? 인형 3만 개. 인형 집이 따로 있어야겠어요. 아니면 이것들은 정원에서 산책을 할 수도 있겠네요. 아니면 루디와 가장 무도회에 가든지. 안녕, 엘제. 아, 베르타, 나폴리에서 돌아온 거니? 응, 시칠리아에서. 내 남편을 소개시켜 줄게, 엘제. 앙샹테, 므

슈.[48] – "엘제, 내 말 들려, 엘제? 나야, 파울." – 하하, 파울. 너는 왜 회전목마의 기린 위에 앉아 있어? – "엘제, 엘제!" – 그렇게 내게서 도망칠 순 없어. 넌 내 말을 들을 수 없어, 그렇게 빨리 큰 길을 달려가면. 넌 날 구해야 하는데. 난 베로날을 먹었어. 그게 내 다리로 흐른다, 오른쪽, 왼쪽, 마치 개미처럼. 그래, 그를 잡아, 폰 도르스데이 씨를. 저기 그가 뛰어간다. 그가 보이지 않아? 저기 연못 위를 점프하잖아. 그가 아빠를 죽였단 말이야. 그러니까 그를 뒤쫓아. 나도 같이 뛸게. 그들이 내 등에 들것을 묶어 두었지만, 난 함께 달린다. 내 가슴이 떨린다. 그래도 함께 달린다. 어디 있어, 파울? 프레트, 어디에 있어? 엄마, 어디에 있어요? 씨시? 왜 너희들은 날 혼자 황야를 달리도록 내버려두지? 난 이렇게 혼자이고, 무서워. 난 차라리 날아갈 거야. 난 알고 있었어, 내가 날 수 있다는 걸.

"엘제!"…….

"엘제!"…….

너희들 어디에 있어? 너희들 목소리가 들려, 그런데 보이지 않아.

"엘제!"…….

---

48   프랑스 인사. 반갑습니다, 미스터.

"엘제!"…….

"엘제!"…….

대체 뭐야? 합창단 전체가? 그리고 오르간까지? 나도 함께 노래한다. 대체 무슨 노래지? 모두 같이 노래한다. 숲도 산도 별들도. 이런 아름다운 것은 들어본 적이 없다. 이렇게 밝은 밤도 본 적이 없다. 내게 손을 줘요, 아빠. 우리 함께 날아요. 세상은 정말 아름다워요, 이렇게 날아갈 수 있다면. 제 손에 키스하지 말아요. 난 당신의 아이잖아요, 아빠.

"엘제! 엘제!"

그들이 저기 멀리서 부른다! 대체 뭘 원하는 거야? 깨우지 마. 난 기분 좋게 잠들었어. 내일 아침 일찍. 난 꿈을 꾸고 날아다닌다. 난 날아…… 날아…… 날아…… 잠들고 꿈을 꾼다…… 그리고 난다…… 깨우지 마…… 내일 아침……

"엘……"

난 날아…… 꿈을 꾼다…… 잠……. 꿈을 꾸…… - 난 날아…….

〈끝〉

[진일상]

엘제의 시선으로 엿보는 세기말 빈 시민사회

정신분석의 창시자로 평가받는 지그문트 프로이트(1856-1939)는 작가 아르투어 슈니츨러(1862-1931)에 대한 동질감을 다음과 같이 表現한다.

나는 여러해 전부터 심리와 성과 관련된 여러 문제에 있어서 당신과 내가 폭넓게 의견의 일치를 보고 있다는 것을 알고 있습니다. 그리고 때때로 놀라면서 자문합니다. 내가 힘겹게 대상을 연구해서 얻어내는 내밀한 지식을 당신은 어디서 얻을 수 있었을까 하고요. 평소에도 작가에 대해 경탄하지만, 이제는 시샘하게 되었습니다. [……]

(1906. 5. 8. 프로이트가 슈니츨러에게 보낸 편지)

이 말에서 우리는 작가 슈니츨러에 대한 정신분석학자 프로이트의 경탄과 두 사람의 정신적인 교류를 읽어낼 수 있지만, 더욱 중요한 것은 슈니츨러의 문학과 프로이트의 심리학을 연결하는 두 개의 핵심개념, 즉 인간의 심리와 성이다. 이 개념은 두 사람이 활동했던 세기말 빈의 문화를 특징짓는 시대적인 화두이기도 했다.

빈에서 의사의 아들로 태어나 유복하게 자란 아르투어 슈니츨러는 빈 대학에서 의학을 전공하고, 빈에서 의사라는 직업과 문학 활동을 병행하기도 했다. 시, 소설과 드라마 등 다양한 작품을 통해 슈니츨러는 장교, 예술가, 의사 등 빈 부르주아 계급의 전형적인 인물의 내부 시각을 통해 세기말 빈 시민사회의 이면을 세밀하게 그려낸다. 1924년에 발표한 노벨레 〈엘제 양〉도 예외는 아니다. 알프스의 휴양지를 배경으로 성숙한 여성이 되기 이전, 아직 사회적인 정체성을 갖지 못한 미성숙한 엘제의 예민하고 섬세한 시각을 통해 세기말 빈 시민사회의 어두운 면이 낱낱이 폭로되고 있는 것이다.

주인공 엘제는 가부장적인 사회규범과 미혼 여성의 순결을 강요하는 이중적인 사회윤리, 억압적인 결혼 제도, 자본주의 시스템에서 몰락하는 시민계층의 여성인물을 대변하고 있다. 경제적으로 몰락한 집안의 어린 소녀가 결국 자신의 몸을 자본의 교환대상으로 삼아야 하는 상황에 내몰리는 이야기는 흔해빠진 신파 소설의 소재이다. 그러나 슈니츨러는 전통적인 화자의 역할을 포기하고 서사전개를 전적으로 주인공 엘제에게 맡김으로써 상투적인 서사에서 벗어난다. 직접 인용을 제외하고는 자신의 내면뿐만 아니라, 다른 인물들과 외부 현실에 대한 묘사는 전적으로 엘제라는 여주인공의 시선, 즉 내적 독백으로 전달된다. 따라서 그 내용은 파편적이고 때로는 비약과 생략으로 단절되고 혼란스럽다. 여기에 엘제라는 인물의 의식과 무의식, 반의식을 포괄하는 심리와 세기말 빈 시민사회의 이중적인 성의식, 성윤리가 투영된다.

눈먼 아버지를 위해 팔려가는 심청의 이야기는 여기에서는 엘제의 현실로 변형된다. 딸에게 일방적인 희생을 요구하는 가족과 이를 기회로 자신의 욕망을 채우려는 도르스데이, 엘제의 돌발적인 행동을 정신적인 질환, 히스테리 발작으로 돌리는 주변 인물들과 엘제의 내면은 철저하게 단절되어 있으며 서로 소통할 수 없다. 이들을 움직이는 것은 눈에 보이지 않는 자본의 힘과 위선적인 시민사회의 규범이다. 그리고 아무런 힘이 없는 엘제가 도움을 받을 수 있는 곳은 없다.

아이러니한 것은 도르스데이의 요구나 엘제의 파격적인 행동이 모두 예술이라는 형식으로 포장되고 있다는 점이다. 예술작품 거래상인 도르스데이는 자신의 파렴치한 요구를 예술작품 감상으로 미화하고 있으며, 엘제는 이에 슈만의 음악과 조명 아래에서의 노출행위로 응수한다. 평소에 피아노를 즐겨 연주했던 작가 슈니츨러는 이 장면에서 슈만의 악보를 직접 차용함으로써 독서의 체험을 시각과 청각적인 차원으로 확장시킨다.

주인공의 내적 독백을 통해 누구보다 가까이 엘제의 내면을 들여다볼 수 있었던 독자는 질문할 수 있다. 엘제의 행위를 어떻게 이해할 수 있는가? 그리고 그 결말을 어떻게 이해할 수 있을까? 심청이처럼 엘제에게도 희망적인 다른 선택지가 주어질 수 있을까? 물론 이 질문에 대한 답은 독자의 상상력의 영역이다.